U0360238

雅
理

通 过 阅 读　　解 放 自 己

# 妈 妈 教 授

## 在学术界实现工作与家庭的平衡

# Professor Mommy

## Finding Work-Family Balance in Academia

Rachel Connelly Kristen Ghodsee

［美］瑞秋·康奈利［美］克里斯汀·戈德西 著

李明倩 宋丽珏 译

雅理

上海交通大學出版社
SHANGHAI JIAO TONG UNIVERSITY PRESS

田雷 主编

**图书在版编目（CIP）数据**

妈妈教授：在学术界实现工作与家庭的平衡／（美）瑞秋·康奈利（Rachel Connelly），（美）克里斯汀·戈德西（Kristen Ghodsee）著；李明倩，宋丽珏译. -- 上海：上海交通大学出版社，2023. 2（2024. 10 重印）

书名原文：Professor Mommy：Finding Work-Family Balance in Academia

ISBN 978-7-313-28095-4

Ⅰ. ①妈… Ⅱ. ①瑞… ②克… ③李… ④宋… Ⅲ. ①女性-职业选择-研究 Ⅳ. ①C913. 2

中国国家版本馆 CIP 数据核字（2023）第 000772 号


上海市版权局著作权合同登记号：图字：09-2022-428 号

**妈妈教授：在学术界实现工作与家庭的平衡**
**Professor Mommy：Finding Work-Family Balance in Academia**

著　　者：［美］瑞秋·康奈利
　　　　　［美］克里斯汀·戈德西
译　　者：李明倩　宋丽珏
出版发行：上海交通大学出版社
地　　址：上海市番禺路 951 号
邮政编码：200030
电　　话：021-64071208
印　　制：上海盛通时代印刷有限公司
经　　销：全国新华书店
开　　本：880mm×1230mm　1/32
印　　张：9. 75
字　　数：177 千字
印　　数：6001—7000 册
版　　次：2023 年 2 月第 1 版
印　　次：2024 年 10 月第 2 次印刷
书　　号：ISBN 978-7-313-28095-4
定　　价：69. 00 元

为了我们的孩子

# 序

## 一

在十年前本校的一次科研工作会议上，针对科研考核和职称评审的量化机制，我曾建议，应给予职称升迁期怀孕生子的教师至少两篇核心期刊论文的加分，引得会场哄堂大笑，同事们以为这是玩笑话。尽管会后也有领导说，这“有点道理，但缺乏可操作性”，最终也就不了了之了。

不是开玩笑，我是认真的。在大学校园工作生活三十多年，不仅亲历过平衡家庭与工作的手忙脚乱，也见惯了年轻同事们正在面对的此类尴尬和烦心。家庭和工作的平衡其实一直存在，无论何种职业、哪个性别，只要男人不会怀孕、不会分娩、不会哺乳这些生物学上的机理没有改变，女性对此的感受必然会更加强烈些。完成博士学业，找到大学教职，不仅要讲好课，还要搞好研究，不断在专业领域产出独创性的学术成果，如此才能在学术界谋生存，评职称，做教授，“不发表，就出局”是学术现实。它与公众对高校教师职业自由轻松、有更多闲暇照顾家庭的刻板印象反差鲜明，也因此强化了女性学者的困境——在学术职场努力谋生存的同时，还要面对家庭成员对其付出更多时间和精力的期待。

据《中国妇女发展纲要（2011—2020）》统计报告，最近十年各类高等教育中女性占比不断上升，也有越来越多的女性获得博士学位。我本人也指导了数位女博士，看着她们努力找到教职，成为我的同事、同行，看着她们日常忙碌、辛劳的身影，犹如看到二十多年前的自己。

当下的大学，比我初入职时，规模扩大了，宽松度却下降了。从读博士到入教职，从拿到学位到忙于教学、研究和发表的这“难熬的十年”，恰恰是女性一生中最适合生育的年龄。那读博、当大学老师，同时又生儿育女，当一个“妈妈教授”，还可能吗？会成功吗？

## 二

《妈妈教授——在学术界实现工作与家庭的平衡》对此做了明确的肯定回答。两位作者瑞秋和克里斯汀是美国顶尖文理学院、“小常春藤”之一鲍登学院的老师。创作本书的想法，萌生于克里斯汀剖腹产下女儿不到一个月——当时她正横跨整个美国从加利福尼亚州飞到缅因州，假装自己只是个未曾生育、即将毕业的学生，在校园面试日的短暂间歇，狼狈不堪地躲进厕所里挤奶、匆匆烘干外套上的奶渍，最终得以顺利入职；而当时担任遴选委员会主席的，就是瑞秋。十年后，撰成此书时，瑞秋是讲席教授，有四个孩子；克里斯汀已取得终身教职，副教授，是一个孩子的单亲妈妈，也是国际知名学者。在书中，两位作者并不仅仅是为了找到学术界有代表性的母亲范例，而是通过调查问卷、访谈等方式，征集将教授和妈妈这两个角色成功结合在一起的女性的故事和建议，提供她们自身经历之外的多元视角。本书传递的信息是积极的，不仅肯定能做到，还给出了具体方法和操作细节，与此同时还怀有最大程度的同理心——不需内疚，也不用勉强。作者的目的是驳斥那种要么推迟生育要么退出学术界的二元对立，旨在为学术圈平衡工作和生活的女性提供一本手册指南——从读博开始，到求职、任职，再到成为一名正教授，指导女性学者如何既当好母亲，也当好教授。

作为一本指导书，它没有太多的心灵鸡汤语录，倒是先用了一定篇幅直陈美国学术环境的种种弊端，列数了“母亲身份和学界那些不美丽真相”的“九宗罪”。选择成为学者、决定走学术路线之前，你不但要知晓学术界的这些“不美丽真相”，而且还要了解“你自己”——这也是两位作者在书中最重要的告诫。

三

学术圈是个金字塔，金字塔骤然变窄的节点，就是获得博士学位开始求职的阶段。博士生大多毕业于I类研究型大学，这是指隶属于美国大学协会的61所美国大学和2所加拿大大学。这些北美顶尖研究型大学在博士课程数量、研究资金总额及学术研究成果等方面均占明显优势，她们的导师和榜样就是在研究型大学中授课的教授，因此或多或少受其影响，她们也希望毕业后能在类似的机构中任职。在书中，两位作者基于实证研究，通过任职于不同类型机构的妈妈们的亲身经历，告诉我们：家有孩子的女性学者，在研究型大学工作比在文理学院工作更容易获得成功，尽管研究型大学要求你一门心思做研究，对于发表的期望指标高，但初入职时的教学和其他社会服务的要求相对就不那么重要，终身教职的标准也相对客观、透明；在成长型综合性大学工作的有孩子的女性学者，满意度最低，研究任务重、教学工作量大，却没有顶尖研究型大学的资源，终身教职标准也不断变化，初入职时将母职与学术研究结合起来就比较困难；在文理学院，本科生与老师交流的期望值存在性别差异，这也可能产生对女教师不公平的教学评价，等等。

如何从“青椒”成长为终身职的正教授以及在此过程中怎样平衡工作与家庭的关系，本书提供了涵盖研究、教学、学术交流、大学服务、专业服务以及为自身和家庭投入时间等各个方面的行动指南。两位作者反复指出，整个学术生涯自始至终的头等大事是研究和发表，“无发表不教授”，不管是最磨人的初入职的五六年，还是在获得终身教职后谋求换个环境寻求更好职位的时期，保持稳定的研究和写作产出是学术成功的关键。学术成果是你能够与“东家”抗衡的唯一资本，是你人力资本中的“硬通货”，因此再怎么强调都不为过。这是对于所有大学教师的真诚建言，无关性别。

两位作者提出的更多的是对于有孩子有家庭的女性学者的建议：不与他人合作发表，尤其不能与资深的男学者合发论文，申请教授职位之前要成为独立研究者，这非常重要，在同等条件下，女性需要更独立；做好时间管理，找准适合自己的高产时间段用于研究，无论是孩子早晨起来之前还是夜里睡着之后，在日常零碎的时间里一旦有灵感出现，即刻列出主题句大纲，之后再见缝插针写些哪怕零碎的段落，要选择在大脑疲劳或处于“半关机”状态时处理邮件等杂事；每天至少有一部分时间要留给家人，和家人在一起的时候，放下查看邮件的手机，也不要再准备上课的文章，工作的时候不去想家庭，面对家庭的时候则百分百投入；在成为终身教授之前，孩子的照片不应该过多地出现在你的办公室或电脑屏保上，与同事闲谈时你心里应该有数，关于孩子，哪些是可以聊哪些是不该聊的，就算照顾孩子的日程压得你喘不过气，你也没必要把细节都告诉同事，更不应该把孩子作为缺席会议、耽误交期和逃避其他工作责任的理由；降低对房屋整洁度的标准，能将就则将就，把那些传统意义上妈妈必做、不做就会愧疚的家务抛在脑后，不要再纠结袜子配不配对，如果你真有强迫症袜子必须成双成对，那以后就只买那一种款式；书店里有成百上千本的育儿书，但要谨记，全读不如不读，此类书籍中有许多对职业母亲很不友好，因此，少看，多相信自己……诸如此类，书中有不少这样实用、贴心的“Tips”。

## 四

当然，在尚未真正了解成为学者和教师未来需求的情况下获得了博士学位，后来又不想在大学就职、继续学术生涯，这也无可厚非。每个职业总是有利有弊。学术生活的好处是：读书和思考有报酬；可自行选择议题，做自我指导式的研究；与你所在领域的同事进行国际合作；创造性写作；与年轻人交流合作；灵活安排（特别是在暑假）；有长时间、不间断的教学休假年来做研究；在相对享有盛名的行业工作；或多或少能做你自己的老板，并且（最终）得到一份体面的薪水。两位作者甚至认为，很少有职业道路像在学术圈里这样容易名利双收，这是当今受过高等教育的女性最满意的职业选择之一。

追求学术一开始像是冲刺，到后面它会变成一场马拉松，学术生涯既需要激情和速度，也需要耐力和恒心。在学术界生存确是一件艰难的事情，激烈的竞争、不断遭受批评或拒绝的生活并非适合每个人，但两位作者强烈认为，如果你真的想既做母亲又当教授，完全可以兼而有之，你可以成功地将学术与家庭结合起来。母亲身份不应成为那些不喜欢学术生活的女性的借口，她们不应以此为理由决定离开一个她们无论如何都会离开的职业，即使没有生孩子。

本书的撰写虽基于美国的大学体制以及学术生态的调研和访谈，但两位作者的个人经验和教训的分享引起的共鸣和启发是超越国界的。本书出版于 2011 年，至今十多年过去了，瑞秋尽管此前曾接到来自某顶尖研究型大学的橄榄枝，但迄今仍留在鲍登学院，任 Bion R. Cram 经济学讲席教授，克里斯汀于 2017 年已转至宾夕法尼亚大学俄罗斯与东欧研究系担任终身教授。本书英文版出版后，获得不少共鸣和好评，相关书评发表于 *Chronicle of Higher Education*、*Human Resource Development Quarterly*、*Contemporary Sociology* 及 *Publisher's Weekly* 等杂志。这十年中，美国大学内外的环境变化了不少，一些学院也正在慢慢意识到需要做出改变，许多大学推出了一些“家庭友好型”措施，比如，提供家庭保姆佣金、托儿所费用、子女大学学费等方面的补贴，对于女性学者来说，这无疑都是有益的变化。

## 五

中美两国的大学体制不同，文化背景也不一样，但各高校竞争的第一“硬核”就是科研学术，重中之重就是科研、发表、重大项目。也就是在此背景下，大学的各种考核层出不穷，且“非升即走”“长聘制”正逐渐在推广。相较于我刚入职的时候，三十年后的现在，如若要在高校立足生存、求得发展，需要应对的任务重了不止一两倍，年轻学者的压力就更大，毋庸讳言，这对于年轻的女性学者则更甚。现在中国的博士数量可观，女性博士走上教职、从事学术生涯的比例也在增大。通过阅读美国学术界女性同行不久前的经历，我们可以反思她们如何做出个人的选择，吸取她们学术成长过程中平衡工作和家庭的得失经验，进而将教授与母亲的身份和谐地衔接起来。

本书的译者李明倩和宋丽珏，是我在华东政法大学的同事，长期从事跨文化研究和传播，译著丰硕，佳作不断，这一年她们都在海外从事学术交流。我相信，作为妈妈教授，她们合作翻译此书，会比翻译任何其他论著都来得默契。翻译的过程，是两位妈妈译者与两位妈妈作者跨越时空的默契交流，我读来也心有戚戚，脑海中总伴有两位作者、两位译者还有我本人都曾有过的时而鸡飞狗跳、时而得心应手的日常。

最后，还想对有志于学术的女博士们再说上几句：只要你认清了自己，做到了心中有数，那就坦诚对待自己追寻的学术之路。当一个平衡工作和家庭的教授妈妈完全可能，成功的女教授比比皆是，美国如此，中国也一样。当然，我们现在虽有了入学机会的大致均等，但远没有实现男女两性在就职和自身发展的条件和机会上的真正公平，也期待我们的大学内部机制能有一些改革，帮助越来越多的女性学者平衡工作与家庭。

是为序。

李秀清

2022 年 1 月 8 日于沪上寓所

# 目 录

# 导　论

# 为何撰写此书以及我们是谁

克里斯汀正在与院长和负责学术事务的副院长会面，突然，她开始溢奶。她窘迫地坐在那里，听着他们解释如果足够幸运能够进入终身教职轨道*可能会获得的福利待遇。院长们谈到医疗保险、牙医保险以及学院会给她的退休账户存入多少钱时，克里斯汀内心几近崩溃，因为她胸罩里的棉垫很快被溢出的奶水湿透了。克里斯汀即将获得加州大学伯克利分校的博士学位，这是她第一次前往求职学校参加校园面试。不到一个月前，她才剖宫产分娩，出院还不到一周就接到了面试的电话通知。 1

由于缺乏睡眠，也没有处方止痛药，此刻的克里斯汀头脑晕沉。她请系里拨打她的手机号码，以便能坐在车里回答问题，她害怕对方听到旁边有婴儿的啼哭声。此时是 2001

---

* 在美国高等教育体系中，进入终身教职轨道（tenure track）是指获得终身教职（tenure）之前的 6 年或 7 年，只有在此期间顺利通过终身教职考核才能拿到终身教职。相当于终身教职的试用期，竞争非常激烈。——译者注

年，但克里斯汀早已被警告过，某些院系不太喜欢聘用刚做母亲的人，担心她们因为家庭的重担而影响高质量学术论文的发表，获得终身教职的概率也会因此降低。离开自己的女儿，从加利福尼亚州飞往缅因州参加一场为期两天的面试，还得假装自己是个未曾生育、刚刚毕业的学生，可以说，此举的艰难程度不亚于登顶喜马拉雅山。

2 面试从早上 8：30 开始，一轮接一轮，直到下午 3：00 才结束。学校还安排克里斯汀与一些教授共进午餐，所以即使她有去卫生间的空隙，也来不及泵奶。事实上，为了预防溢奶的情况发生，克里斯汀已经提前把棉质的胸垫垫了进去，她从没有离开孩子这么久，防溢奶胸垫还没有派上过用场。而且，面试那天早上克里斯汀已经用了半个小时把奶水泵出。她觉得这应该够了。

然而情况全然没有预想得顺利。防溢奶胸垫很快湿透了。克里斯汀感到奶水顺着自己为了面试特意购买的全新套装的袖子流出。她把手臂靠紧自己的身体，希望不被看到还在不断扩散的湿迹。如果他们真的注意到了，她希望被认为是由于紧张而大汗淋漓。他们问她还有什么问题时，她高兴地笑着说：“目前没有，但我相信读完所有这些材料后，我可能会有问题。”她抓起他们事先为她准备好的厚厚的文件夹，仓促起身，快速与每个人握了下手，甚至来不及说出想要多点时间来准备自己的求职演讲（job talk）。

根据她的面试时间安排，她应该还有半个小时的时间准备下午 4：00 开始的求职演讲。离开院长办公室的时候已经是下午 3：36 分，她周围总算没有其他人了。克里斯汀没有来得及看一遍准备好的幻灯片，也没有时间回顾自己的发言要点，而是花了整整 24 分钟疯狂地将奶水泵到卫生间的水盆里，同时试着用壁挂式烘干机把外套上的湿渍弄干，并不断祈祷着不要有人进来。她不停地挤压手持式泵奶器，烘干机每隔一会儿就自动停止。她在镜子中瞥见自己，一只手按着烘干机的银色大按钮，一侧乳房露在解了扣子的衬衫外，身体诡异地扭曲着，为的是让气流最大程度地直接吹向奶渍，另一只手疯狂地挤压泵奶器，浓稠的白色液体溅到瓷质的洗手盆上。她气得骂出了一串脏话，心想如果不来面试就好了。

疑虑笼罩着她。一行沮丧的眼泪从脸颊滚落。“我做不
到。”她想，“刚生完孩子，我怎么开始一份新工作啊？我要
怎么写完论文？我什么时候才能有时间跟我女儿待在一起？
我应该在学校多待几年再毕业。或者我交完博士论文先休息 3
几年。我在加州永远找不到一份学术工作，可如果来这里工
作，我一个人都不认识。太难了。”

但最后，克里斯汀成功了。奶水暂时被挤干净了，西装外套也干一点儿了，求职演讲很顺利，她得到了一个助理教授的职位。本书的另一位作者瑞秋——面试克里斯汀的委员会主席——事后发现克里斯汀把一个只有 27 天大的婴儿留在加州的家里时，非常生气。

“你怎么不告诉我们？你可以带她一起来。”

“我怕这对我不利。”克里斯汀回答道，“我希望被当成一个年轻的学者，而不是一个新手妈妈。”

“但你可以两个都是啊！”

“感觉不太行。”克里斯汀说，“这样真的不太行。”

就是在那个瞬间——10 年前，创作本书的想法犹如一颗种子种在了我们的脑海里。

我们的想法是写一本驳斥要么推迟生育，要么退出学术界的二元观念的书。仿佛非此即彼，二者只能选其一。像克里斯汀这样的年轻女性会感到自己陷入了一个两难境地：是要家庭生活还是要学术职业？然而，现在的学术界已经有许多女性成功地把两者结合到了一起，并行不悖。问题在于很少有人听到她们发声，她们太忙了，没有时间参加关于工作/家庭议题的会议，也没有时间写下自己的经历，给年轻的同事提供建议和指导。本书的写作恰逢其时。我们希望勾勒出从博士阶段到毕业前求职，进入终身教职轨道，申请终身教职，直到成为一个正教授（full professor）的完整历程，告诉读者如何不让母亲身份与学术工作相冲突，如何做一名成功的“妈妈教授”。我们的目的不仅仅是解释如何能做到这一点，而是如何顺利地做到，不必癫狂，不怀内疚，也不屈就。

看到每年有越来越多的女性获得博士学位，就知道本书的重要性不言自明。1995 年至 2005 年间，女性获得博士学位的比例从44%增至51%。更引人注意的是，全美高校教授群体的人口统计数据正在变化。[1]1995年，全职教授中女性占比35%，十多年过去，这一数字已经上升到41%。虽然助理 4
教授和讲师级别的女性多于副教授和正教授级别的女性，但后一类别中的女性数量增幅最大。副教授级别的女性已经从32%增长到39%，正教授级别的女性已经从18%增长到25%。[2] 这些数据表明，越来越多的女性正在成为终身教授。但是，她们能同时拥有终身教职和家庭生活吗？

尽管有研究表明早育会导致获得终身教职的概率和论文发表概率降低，但值得注意的是，自然科学界有整整一半的女性、人文社科界有38%的女性在获得终身教职时已经有了孩子。[3] 许多年轻学者对于何时组建家庭、何时生育以及是否会影响其实现职业成功（professional success）感到焦虑困惑，很多人不可避免地推迟生育，直到她们到了如果再不生育就可能无法生育的年龄，或者到了被迫使用花费高昂、耗损体力的医疗干预措施的地步。与男性同行不同，学术界女性面临着经济学家西尔维娅·安·休利特（Sylvia Ann Hewlett）所说的“难熬的十年”：从博士、博士后到进入终身教职轨道，女性往往会失去生命中最适合生育的十三四年，因为她们忙于研究、教学和发表文章。[4] 那些决定不推迟生育的人，面临各种似乎无法克服的困难，在学界常常受到公然的歧视。对于那些声称已经厌倦了“内卷”的女性来说，找到一份非学术性（non-academic）的工作或完全退出劳动力市场似乎是一条更好的道路。但我们想鼓励年轻女性，无论面临的挑战有多大，都不要轻易屈服于这些压力。只要稍作计划，更加全面地了解相关信息，充分利用自己的时间，就有可能做到两者兼顾。本书将帮助你学习如何同时实现家庭和职业上的成功。

## 丁克还是退出?

学术界有一类女性，才华横溢、工作高效、著述丰硕，因对增进人类集体知识的贡献而广受赞誉。她来往于世界各地，以最新的研究成果征服学界听众，研究履历可能同康德的《纯粹理性批判》那样长。她可能是各大基金会的董事会成员，各个高校出版社都期待出版她的下一本著作。她可能是学术界的超级巨星，位居智识高地，很少屈尊与她指导的研究生或知名度偏低的同事等“凡夫俗子”往来。虽然与一些杰出的男性同仁有许多共同点，但一个明显的区别是，她们通常没有子女。

不论是刻意为之，还是休利特所称的“不知不觉走到了失去生育选择的地步”（职业女性推迟生育，直到无法孕育），[5] 这些学术超级巨星往往把“丁克”（即无子女状态）视为实现职业成功的一个先决条件。尽管在过去的三十年里，女性进入学术界的比例稳步增加，但美国学术界本质上仍由根深蒂固的男性主义文化主导；人们依旧期望从事学术研究活动的教授们不是主要负责照顾孩子的那个人。

造成这种现象的部分原因是：象牙塔里还需要一个支持你的伴侣。学术就业市场的不可预测性意味着年轻博士们必须做好准备，愿意在任何地方开启职业生涯，他们的伴侣也必须做好准备，愿意跟随他们。大多数情况下，这个做出牺牲、选择支持的伴侣是女性，有了孩子后，除了支持其伴侣的学术生活，女性还要全身心地投入抚育孩子的工作中。这些女性是无所不能的超级妈妈，她们参加所有的家委会、组织学校的募捐活动，参加所有的足球比赛和乐队音乐会，愿意抽时间用当地社区花园合作种植的有机小麦烘焙饼干。虽然如今越来越多的男性也参与到育儿中，但依旧有很多男性的伴侣选主动择或被迫留在家中，精英化程度更高的机构尤为如此。负责养家糊口的教授们大多不必担心来不及赶到日托所接孩子，不必担心孩子生病在家不能上学时该怎么办。关键的截止日期临近时，他可以奋力工作到深夜，也可以在周末继续专心写作而无须考虑照顾孩子，因为他知道孩子们有一位慈爱、无私、全身心付出的妈妈。

这时就出现了一种夹在当中的可怜生物——学术妈妈。她们小心翼翼地试图在学术事业和家庭生活之间取得平衡，担心自己永远不会像那些选择“丁克”的女同事一样，成为闪耀的学术巨星，也无法像那些男同事的伴侣一样，成为一个“好”母亲。她担心自己注定只能是一个平庸的学者和一个平庸的母亲，永远无法全身心地投入这两个角色中，她只能不断尝试在两者之间找到一个平衡点，不至于让一种角色影响到另一种角色。现在这类女性的数量相当可观。教授妈妈们的挫败感可能相当强烈。许多女性开始谈论她们面临的挑战，主张改变这样的体制，使工作与家庭的平衡不再是一种渺茫的幻想。

不久前出版的一本书《妈妈，博士》（*Mama*，*PhD*）以及“走进高等教育”网站[6]的博客内容准确地反映了这种日益强烈的挫败感。《妈妈，博士》的编辑收集了学术界众多女性的亲身经历反馈，讲述了她们在取得终身教职前后的各种经历。我们都很高兴看到有这样一部专门关注学术界母亲困境的著作。《妈妈，博士》是必要的第一步，但这本书的有些论调让我们深感不适。

虽然编辑们试图表达不同女性的各种观点，但这本书的主角似乎是那些决定退出学术界、带着博士学位从事其他工作从而有更多时间陪伴孩子的女性。书中的一章叫作“从学术研究的创伤中恢复”，将学术生活予以病态化的描写，大加赞美那些勇于放弃激烈竞争的女性。《妈妈，博士》的博客也更多地收录了那些为了照顾家庭选择放弃学术工作的女性的故事。最近的另一本文集《母职，实验室里的大象：女科学家们发声》[7]（*Motherhood*，*The Elephant in the Laboratory*：*Women Scientists Speak Out*）同样向年轻学者传递了大量的负面信息，详细介绍了生儿育女与成为实验室的科研工作者几乎不可兼得。这些书的忠实读者不禁会产生这样的印象：一个普通女性想要成为“教授妈妈”太困难了。虽然这两本书的编辑可能希望更具包容性和多样性，呼吁尊重不同女性做出的各种选择，但他们描绘的女性学者经历只会起反作用——可能让很多女性在尝试成功实现目标之前就被吓跑了。

我们担心这些信息会影响到本科生、研究生、博士后和助理教授。对于尚未完全进入这个行业的年轻女性来说，这些书传递出的大致信息是，同时做一个母亲和一名教授是如 7
此艰难，不值得走上这条道路。这些书建议年轻女性，她们的博士学位还有其他用途，会让她们的生活更轻松。毕竟，看看这些待在家里陪着孩子的聪明女性，她们没有学术发表的巨大压力，也不会因学术发表的不可预测性而产生挫败感。学术就业市场正在萎缩，获得终身教职的标准正在提高，对教师工作时间的要求也在不断提高——在这种情况下，哪个头脑正常的人会想成为一名教授，尤其是这意味着可能要放弃组建家庭、生儿育女？

事实是，许多成功的教授妈妈根本没有多余的时间来书写她们的经历，所以没有人听到她们的声音。那些选择离开学术界的女性有更多的自由时间，不必只瞄准申请终身教职和获得晋升所必需的同行评议期刊，而可以在其他地方发表文章，出版著作。因此，不足为奇的是，我们更多地听到了那些为自己的学位找到了其他用途的女性的观点。好在我们终于也挤出了时间。我们认为，必须要说出并代表那些已经成功实现了家庭与事业平衡的女性们的经验。

我们担心《妈妈，博士》和《母职，实验室里的大象》会隐含这样一种观点，即对女性的公然性别歧视已为过去。这是一种危险的态度，因为性别歧视在学术界从未消失。性别歧视，而非父母歧视*，才是女教授们在学生意见表上的评分常常低于男性的原因。[8]“校友关系网”在学术界稀松平常，途径多样：谁能选到哪位教授做博士导师，午餐时间谁和谁一起打篮球，系里的资深男教授觉得与哪位求职者交谈“更自在”。我们希望本书能提醒女性学者注意性别歧视这一丑陋的残风余孽，而且性别歧视往往和父母歧视勾连在一起。

此外，近期关于学术妈妈的书籍中还有一处遗漏——没有承认对许多有孩子的男性来说，追求学术生涯同样困难，尽管 2010 年 11 月出版的《爸爸，博士》（*Papa*，*PhD*）一书的确涉及这一问题。[9]有相当一批年轻男性学者也需要协调学
8 术研究与做父亲的关系，在工作和家庭平衡方面也面临着类似的问题（虽然他们不用担心怀孕或哺乳）。我们当然承认父亲的贡献，也关注男性学者尤其是尚未取得终身教职的男性教授在积极成为一名好父亲和一位好学者时所面临的双重挑战，但在本书中，我们还是将重点关注女性。很多人会问为什么不花同样多的时间谈论父亲。虽然我们并不想从生物学的角度分析，但事实上，受孕、怀孕、分娩和哺乳的生殖

---

* 父母歧视（parental dicrimination），是指工作部门对身为父母的员工所产生的歧视。——译者注

过程总是与女性的联系更紧密。也许对学术界来说，更重要、更有密切联系的一点是，博士们进入终身教职轨道的时间恰好与女性最适合生育的年龄段相重合。考虑到研究生通常要用很长时间才能获得博士学位，学术界绝大多数明日之星在三十岁到三十五六岁时，才开始步入终身教职轨道，而女性三十五岁后的生育能力会急剧下降。这意味着，大多数女性为成为一名终身教授而拼搏的时间也是她们最适合生育的最后十年。对男性来说，情况则完全不是如此，他们一般到了五十多岁还可以做父亲。男人不能怀孕，也没有人造子宫，怀孕这事还不能外包给机器。[10] 目前的终身教职制度在很大程度上复制了雄性生物学模式——男性在三十多岁时开始职业生涯，在所属领域获得终身教职和学术认可后，与一个年轻的伴侣安定下来，成家生子。在这一制度被彻底推翻之前，我们还是应该只将重点放在女性上，即使这意味着对年轻男性在争取终身教职时面临的挑战“避而不谈”。[11]

本书的出发点很明确。我们决定为那些想在学术界获得教职并组建家庭的女性写一本指南，而不仅仅停留在告诉研究生们获得博士学位后，人生有多种选择。我们不会回避女性学者将面临的挑战，但我们要传递的总体信息是积极正面的。是的，这可以做到。而且，绝对值得这么做。不，也不是完全没有痛苦。但是，很少有职业道路像学术工作那样受人尊敬、令人满足。我们不会虚伪地告诉你，兼顾学业和家庭很简单，但我们相信，这也不像许多年轻女性所认为的那

9 般艰难。我们不仅要祝贺继续“选择加入学界”的女性，还要为她们提供各种具体策略，帮助博士研究生、刚入职的青年教师*甚至已经得到终身教职的妈妈们在满足学术要求和照顾家庭之间找到更好的平衡点。

## 我们是谁?

我们是鲍登学院*（Bowdoin College）的同事，是两位母亲，也是国际知名学者，有5个孩子，出过5本书，发表超过45篇的期刊文章。虽然我们都是终身教授和母亲，但我们的背景不同，在不同学术领域，处于各自职业生涯的不同阶段。瑞秋·康奈利是鲍登学院的经济学教授，她的整个学术生涯几乎都在那里度过，除了有一年在华盛顿特区，还有

---

* 这里有必要简单介绍一下美国教职体系，美国大学教职体系的核心是Tenure制，即终身制，一般来说正教授（Full Professor）和副教授（Associate Professor）都是所谓的“终身教授”。要取得终身教授的身份，需要先从“具有获评终身教授资格”的助理教授做起，即（Tenure-Track）Assistant Professor。在Tenure体系以外，美国的大学还有其他类别的教师，他们没有获评终身教授的资格，比如Lecturer（讲师）或是Advanced Lecturer（高级讲师）。讲师主要负责教授本科课程，职位通常可以续约，但无论是讲师还是高级讲师仍然不是终身教职，期满需要续约。而Adjunct Professor（兼职教授），更准确的表达是代课教授，这类教授的薪水取新决于教授几门课，并且通常无福利。值得注意的是，只要入职美国高校负责教学、科研工作的教师均被称为professor（教授）。为方便读者阅读，特此说明。——译者注

* 鲍登学院（Bowdoin College）是位于美国缅因州的一所顶尖文理学院，于1794年成立。——译者注

几年在北京。1985 年，她从密歇根大学博士毕业，是第一位在鲍登学院经济学系获得终身教职、第一位升聘为正教授、第一位成为讲席教授的女性。同时，她也是 4 个孩子的母亲。获得终身教职后，瑞秋投入大量时间和精力去改变鲍登学院女教师的环境。为此，她还担任过女性研究项目的主任，也正是在此期间，她参与到了对克里斯汀的聘用过程。

作为一名劳动经济学和人口经济学领域的专家，瑞秋的职业生涯始终致力于对工作和家庭生活的相互影响展开学术研究。她在育儿成本对女性劳动力市场决策影响方面的研究十分出众。瑞秋是一名积极活跃、有学术热情的学者，获得过美国科学基金会、罗素·塞奇基金会、洛克菲勒基金会、福特基金会、厄普约翰就业研究所、威斯康星大学贫困研究所以及美国统计协会的研究资助。

克里斯汀·戈德西是一位资历相对较浅的年轻学者，2002 年从加州大学伯克利分校获得博士学位时，女儿只有七个月大。此后不到三年间，克里斯汀在即将走上终身教职的关键时期又成了一名单亲妈妈。虽然远离加利福尼亚的家人，前夫搬去欧洲生活，但克里斯汀非常幸运，在她最需要的时候，有瑞秋这样的导师给她提供建议。2008 年，克里斯汀的女儿开始上幼儿园，同年她获得终身教职，现在是鲍登 10
学院 John S. Osterweis 性别和女性研究方向的副教授，也是一位研究性别政治和东欧转型的学者。克里斯汀获得了多项荣誉和研究资助，包括富布赖特项目、美国学术团体协会、美国科学基金会、伍德罗·威尔逊国际学者中心、新泽西普林斯顿高级研究所和哈佛大学拉德克利夫高级研究所的研究资助。

本书是努力合作的成果，不仅是克里斯汀和瑞秋两位作者之间的合作，也见证了两位作者与其他一些同事的合作。2009 年和 2010 年，我们向同事和朋友——她们都是已经生育子女的终身教授——连续发出了几十份的调研问卷。然而只收到了 11 份完整答复（社区学院的受访者都没有回复）。其中，10 份来自人文社会科学领域的女学者，1 份来自在多个机构教学的自然科学领域的女学者。除了正式的调研问卷，克里斯汀和瑞秋还在各种专业场合进行了若干非正式访谈，并以此为题申请到 3 项国内研究资助。我们的目的不是要找到学术界有代表性的母亲“模范”，而是希望征集将这两个目标成功地结合在一起的女性的故事和建议。我们在本书中引用了相关的答复，以及非正式访谈环节中受访者讲述的轶事，希望为读者展现一种更加多元的视角，而不仅仅围绕两位作者的自身经历。此外，我们参考了许多同事对学术界工作与家庭平衡问题的批判性研究。我们对这一领域的最新相关学术成果进行了广泛的文献综述，呈现了多项研究的主要发现。最后，我们提供了一些切实可行的具体建议，帮助你成为一名成功的教授妈妈。

本书分为九章。第一章先概述生育对学术成功影响的理论分析，然后开始讲述本书作者瑞秋的故事。她以一种后见

之明，回顾了自己在这个过程中希望早点知道的一切。第二
章戳穿了关于学术界与终身教职的误区；你可能会因为我们
的诚实而感到不快，但现在了解真相总比以后知道更好。接
下来的两章，“了解你自己（一）：成为一位学者”和“了
解你自己（二）：成为一位母亲，生几个孩子，什么时候
生”，是为那些刚开始进入学术界的年轻学者准备的。在这 11
两章之后，我们将依次介绍大多数人在学术生涯会经历的各
个阶段：博士最后一年、获得终身教职前的几年（可能包括
几年的博士后经历，也可能做一段时间的兼职教授）、获得
终身教职后的头几年以及正教授的预备阶段。我们要讨论学
术母亲在上述不同阶段可能面临的不同类型的挑战。该如何
度过这些阶段，取决于子女的年龄和我们在终身教职轨道上
的位置。虽然在获得终身教职前生小孩的确是一项非常具有
挑战性的任务，但瑞秋说，家有青春期的小孩，也同样不
轻松。

我们想要表达的重点是，如果女性选择投身学界时，能够放宽视野，坦诚面对内心想要追逐的目标，完全能够成功地将学业与家庭结合起来。许多年轻人获得博士学位时，还没有真正了解成为一位学者意味着什么，后来改变主意，不希望在学术生涯继续耕耘，这也无可厚非。在学术界生存是一件艰难的事情，但在我们看来，这是当今受过高等教育的女性能够从事的最有满足感的职业之一。我们知道激烈的竞争和不断遭受批评、遭到拒绝的生活并非适合每个人，但我

们强烈认为，母亲的身份不应成为那些不喜欢学术生活的女性的借口，她们不应以此为理由，决定离开一个无论如何都会离开的职业，即使在没有孩子的情况下。是的，在学术界很难取得成功，但这并非绝无可能。如果你真的想成为一名教授妈妈，这完全可以做到。如今，在全国各地的大学校园里，有成千上万的女性成功地兼顾了终身教职和家庭生活。如果有一天你也想成为其中一员，请继续阅读下去。

# 1

# 带着“后见之明”，讲一个成功故事：充满希望但处处谨慎

我们初次讨论本书的篇章结构时，必须确定先写好消息还是先写坏消息。现在已经有很多坏消息了，但还是有很多初入学术界的年轻女性并没有真正意识到未来将面临何种生活。因此，尽管本书旨在鼓励年轻女性勇敢地突破重重困难去追求学术事业，我们还是决定先写坏消息：关于做母亲与学术研究之间关系的经验事实。 13

已有研究探讨过为人父母与学术发展的关系。研究结果表明，女性的母亲身份与终身教职之间的确呈现出一种负相关。根据琼·C. 威廉姆斯（Joan C. Williams）的研究“学术界中的职业天花板和母亲身份墙”，博士毕业后不久即生孩子的女性获得终身教职的可能性远远低于博士毕业后即做父亲的男性。[1] 威廉姆斯仔细考察了百余项不同的社会心理学研究，试图回答为何这一现象在各个机构和各个学科中持续存在。她的分析对任何初入学界者，特别是年轻女性，都是必

备阅读。年轻的女性学者不仅会面临周遭对女性的刻板印象，而且往往比她们的男同事遭遇更多的敌意。她指出了限制女性在学术界获得成功的两个关键因素：一个是所有女性
14 都会遇到的“职业天花板”；另一个是指歧视母亲的“母亲身份墙”。换言之，她发现，性别歧视和父母歧视两相结合，使得女性无法与她们的男性同事齐头并进、公平竞争。[2] 威廉姆斯认为，职业天花板和母亲身份墙会加剧各种障碍，如果女性想获得终身教职，就必须克服这些障碍。

2004 年，玛丽·安·梅森（Mary Ann Mason）和马克·古尔登（Marc Goulden）考察了两个大型数据集合，以说明学术界的工作与家庭平衡问题。[3] 研究挑战了高等教育中“性别平等”的传统定义，即研究生、申请终身教职者以及最终获得终身教职者的性别均等。换言之，如果学术界所有职级的男女人数比例对半，即为性别平等。然而，梅森和古尔登认为，对性别平等的界定也应该包括家庭结果（familial outcomes）的平等，如生育率、结婚率和离婚率。他们使用的数据来自“博士学位获得者研究调查”*（Survey of Doctorate Recipients），以及 2002—2003 年度对加州大学系统九所分校处于晋升梯阶序列不同位置的教师如何平衡工作与家庭问题的调研报告。梅森和古尔登总共考察了各个学科共 30 000 余位

---

* 该项研究自 1957 年开始，对每年在美国官方认证的科研教学机构获得博士学位者进行问卷调查，收集受访者的教育背景、人口特征、毕业后计划。统计结果被用以评估博士教育的特点及发展趋势。——译者注

博士的职业轨迹，调研了加州大学系统中超过 8500 名已获得终身教职和在终身教职轨道上的教师。

他们的研究结果让我们这些致力于推动平衡学术与家庭生活的人深感不安。第一项研究是处于终身教职轨道期间（该阶段一般被认为是指获得博士学位后的 5 年内）家中有 6 岁以下幼童所产生的影响。不考虑其他变量因素，研究发现，早生孩子的女性获得终身教职的可能性远远低于早当父亲的男性。在自然科学领域，早生孩子的男性中，有 77%成功获得了终身教职，而同一类别的女性数据仅为 53%。在人文和社会科学领域，78%家有幼儿的男性在完成博士学位后 5 年内获得了终身教职，而相应的女性数据为 58%。大多数没有获得终身教职的女性并不是在申请晋升时被拒。相反，作者大胆推测，由于科研工作与母亲身份、婚姻等因素交织在一起产生的重重压力，许多女性正在放弃追求终身教职，步入了所谓的学术界“第二梯队”岗位（second-tier positions）。[4] 不得不说，这些信息发人深省。

梅森和古尔登还分析了学术职业对家庭构成模式的影 15
响。她们根据“博士学位获得者研究调查”中的数据，考察了博士毕业 12 年后处于晋升梯阶序列不同位置的学者的家庭构成。69%的男性已婚有子女，15%的男性已婚无子女，11%的男性单身无子女。对女性而言，其中只有 41%已婚有子女，20%已婚无子女，28%单身无子女。在单亲家长的类别下，11%的女性选择独自抚养孩子，而这类男性只有 5%。

有趣的是，单就“第二梯队”岗位的女性而言，60%已婚有子女，还有20%已婚无子女。这部分女性中，只有14%单身无子女。

这些数据表明，“在获得博士学位后3年内，处于终身教职晋升序列中的女性学者结婚概率比男性低50%，比‘第二梯队’岗位上的女性低52%”。[5] 此外，处于终身教职晋升序列中的女性学者离婚概率比男性高出了144%，比“第二梯队”岗位的女性高出75%。母亲身份不仅不利于女性在学术界获得成功（如果我们所说的成功是指获得“第一梯队”岗位上的终身教职），而且学术工作似乎也不利于女性实现家庭生活的成功。学术界的“她”更有可能是单身，更有可能离婚，更有可能推迟生育年龄，直至太迟了而无法生育。事实上，梅森和古尔登在对加州大学系统教师的研究表明，尽管只有20%的男性称他们现在的子女数量比内心预期的要少，但认为自己想要更多子女的女性数量不足男性数据的一半。

这些研究表明，学术界的女性，尤其是想成为一名母亲的女性仍然面临着许多不平等。我们不打算对这些挑战视而不见，但我们也认识许多成功跨越了这些障碍的女性。找到愿意帮助你的导师，向经历过这一切的前辈讨教处理问题的经验，是年轻学者增加成功概率的一个关键途径。[6] 因此，在
16 讲完坏消息之后，我们要来介绍一个足以推翻所有上述研究结果和统计数据的故事。

这是本书作者瑞秋自己的故事。瑞秋现在是一名正教授，经济学讲席教授，也是四个孩子的母亲，与丈夫已经结婚三十多年。尽管瑞秋感到将自身经历作为一个“成功故事”来讲述有些惴惴不安，但我们还是将其写入本书，这样你就能够感受到瑞秋这一代女性在决定同时成为教授和妈妈时做出的选择。当然，虽然瑞秋的故事只是个人经历，但这恰恰也是学界女性在不久之前需要面对的现实。通过她的故事，我们可以看到女性学者如何做出“恰当”的选择，将终身教职与母亲身份结合起来，做一名成功的“教授妈妈”。此外，真正的好消息是，现在女性学者的社会与工作环境相比瑞秋那时相比已经改善了很多。希望从事学术研究工作的女性人数大幅增加，学术界慢慢意识到必须要做出改变，帮助所有的父母更好地平衡工作和家庭。即使在旧规则仍然“说了算”的地方，你也能同时兼顾终身教职的压力和家庭生活的需要。

瑞秋凡事都喜欢做计划，但她承认，自己常常在没有考虑周全时就制定计划。现在看来，当时希望既不耽误申请终身教职也不影响生育的想法，似乎不是很可行，但当时却以为每个计划都很合理，并且大多数计划（尽管比较幼稚）也都被良好地执行下来。孩子当然是这个计划中的一部分，她和丈夫打算生四五个孩子。他们还在本科时就结婚了，当时的计划是瑞秋去读研究生，毕业后去一所小型文理学院做一名教授。

瑞秋在1981—1985年到密歇根大学读博时，经济学系大约有50名教授，只有3名是女性，并且没有一位是瑞秋希望的状态——将学术事业与家庭生活两者兼顾。即使女性经济学家地位委员会（Committee for the Status of Women in the Economics Profession，CSWEP），也不会讨论如何将学术工作和母亲身份结合的话题。当时委员会的主要工作只是试图说服"男人们"，如果给女性机会，她们也可以"做数学"，能够在学术游戏中与男性学者竞争高下。

瑞秋和大部分刚进入学界的博士毕业生一样，不太明白学者的工作到底意味着什么。从她的角度来看，本科时期给
17 自己上课的教授们能够自主安排工作时间。这种时间弹性使她认为这份工作很适合养育子女。当然，她现在意识到当初的判断有对也有错。我们想在本书中戳穿的正是"学术职业便于育儿"的幻象。事实上，学术研究工作并不是一份便于你照顾家庭的工作。当然，如果你愿意投入时间，可以将学术与育儿及其他任何工作结合起来。从事学术工作，的确使你具有其他人无法比拟的工作地点和时间的灵活性。瑞秋可以在中午参加家长会，下午晚些时候观看儿子的足球比赛，但是她会尽量避免不经常这样做。没有什么捷径可以替代专心致志工作的成效。中午离开办公桌一会儿，意味着当其他父母与他们的子女在家中休息玩耍时，瑞秋需要在傍晚或周末把这段"浪费"的工作时间找补回来。

20世纪80年代初，女性如果希望学习经济学，密歇根

大学会是一个很好的选择，因为经济学系录取了相当数量的女性研究生。虽然瑞秋不会因为自己是房间里唯一的女性而感到烦恼，但能有和她一起学习的女性朋友非常不错。如今，这些女性仍然是瑞秋最亲密的朋友和同事。但另一方面，如果从经济学系对待女性学者的方式而言，密歇根大学也没有那么理想。一些教授拒绝与女学生合作或给予指导，担心她们一旦结婚并且/或有了孩子就会马上放弃一切。一位教授曾拒绝帮助瑞秋指导她的论文，哪怕瑞秋是班上的尖子生。她的教授们也极力反对她选择将求职重点放在缅因州的小型文理学院。他们理解的学术世界只有Ⅰ类研究型大学*，他们不明白为什么瑞秋不想在Ⅰ类研究型大学工作。尽管教授们不赞成，瑞秋还是很确定自己想要什么。最后，她成功地说服教授们支持自己的工作选择。

20 世纪 80 年代中期的鲍登学院已经开始积极招聘女性，以解决教授群体中严重的性别不平衡问题，这是因为曾经的鲍登学院里都是男性教授。经济学系的终身教授们没有反对雇用一名女性学者，前提是“她”符合他们对经济学家的标准设定。瑞秋不觉得（现在仍不觉得）这种态度有任何问题。然而，当她第一次到这个系时，却感到自己被孤立了。 18

* 根据卡耐基分类体系标准，Ⅰ类大学（Research University Ⅰ），有完整的本科、硕士、博士教育，给研究活动以高优先级，都是非常强的大规模大学。Ⅰ类大学的身份，一定程度上彰显了学校的学术研究能力。美国大部分综合排名在 Top 100 的学校都在这个行列。Ⅱ类和Ⅲ类研究型大学在本书中统称为“综合性大学”。——译者注

系里的大多数男性学者在午餐时间打篮球，并且他们通常都是单枪匹马地做研究。几个星期过去了，系里还没有人和她说过话。但慢慢地，她在系里找到了位置，她可以在这里做任何想做的学术研究活动。对瑞秋而言，这里逐渐成了一个非常具有支持性的环境——在一个重视教学质量的地方教学授课，在一个支持研究、重视研究成果的地方做研究，还能有时间与家人和朋友在一起。

瑞秋工作仅仅一年，就生了第一个孩子。不过她没有休产假，也没有因为生育而停止终身教职的申请工作（关于该决定的时间详见本书第 4 章）。接下来的几年非常艰难。她当时正努力在博士论文的基础上，启动一项后续研究课题，睡眠严重不足，答辩委员会和鲍登学院的同事也都没有提供太多指导。她记得，获得终身教职前，她度过了一段最糟糕的日子；她花了大量时间和精力写的一篇高质量论文却在编辑桌上被放了 18 个月。不仅无法取得学术上的成功，她的生育愿望也不乐观。瑞秋原计划每两三年生一个孩子（又是计划），获得终身教职前的最后三年里她试图怀二胎，却月复一月地忍受着失望的结果。虽然后来她确实怀孕了，但在春季学期不幸流产。她没有告诉任何人怀孕的事情，所以只能独自承受各种痛苦。此外，那个学期她的学生意见表也给了她重重一击。

这段时期非常艰难，但并非诸事不顺。儿子愈加聪明可爱，家中常有朋友来访。瑞秋和丈夫买了一套足够大的房子，甚至有一个多余的房间能够留宿一位学生。这样就多了一个人手能够帮忙照看孩子，做些家务活儿。如果你很幸运，有家人住在附近，在这段艰难的日子里，一定要允许他们施以援手。如果家人不在附近，就和你的朋友建立家人般的关系。找到关心你孩子的帮手，让他/她一起帮忙照顾孩子。对孩子的关爱不是一场零和游戏。如果你的孩子很喜欢照顾他/她的人，那并不意味着你的重要性就会降低，孩子们依旧会非常爱你。而且，让其他人参与到孩子的生活中，能够让孩子们感知不同的人际关系，学会尊重和感谢所有给予他/她们帮助的人。

瑞秋的儿子 2 岁时，她获得了美国人口普查局的研究资 19
助，可以利用一年的学术休假前往华盛顿特区。在那一年里，瑞秋真正认识到参加专业性会议的重要性，甚至认为参加会议是她最终成功获得终身教职的一个非常重要的环节。这些专业会议让你有机会与本领域的其他学者会面，还有助于明确你的领域——确切地说，让本领域的其他人知道你目前在做什么研究。在与会过程中，别忘了试着和同一发言小组的其他与会者共进午餐或者一起去喝杯咖啡。这些有益的对话可能使你收到去其他研讨会发言或者合作开展研究的邀请。虽然瑞秋最早期的合作者大多是研究生期间就已认识的女性，但她最近的合作对象大多来自多年来在专业会议上遇到的人，既有男性学者也有女性学者。（本书第 6 章将更加详细地讨论人际关系网络的重要性）

瑞秋在鲍登学院的第六年终于又一次怀孕。她提交终身教职申请的截止日期是 7 月 1 日，孩子在 7 月 6 日出生。这可能不是生孩子的最佳时机，但**生孩子从来没有真正的好时机**，一旦你有过久久不能受孕的经历，任何时候到来的孩子都令人兴奋。当然，这也终于可以让瑞秋没有时间或精力，再去担忧终身教职的申请结果。不过你已经知道了，瑞秋的终身教职故事有一个快乐的结尾。

一年后，瑞秋和丈夫带着两个年幼的孩子前往北京生活了一年。就像瑞秋多年来做出的许多其他选择一样，去北京的决定并不是因为她要拓展自己的职业轨迹。他们去北京是因为瑞秋的丈夫希望提高自己的中文水平，但这对瑞秋来说也是一个非常好的决定。1992 年时，研究中国问题的美国经济学家并不多，研究中国劳动力市场的经济学家少之又少。瑞秋从中国回到美国时，不仅多了一个宝宝（没有什么比终身教职已定更能减少压力巨大导致的不孕症），还有了一项新的研究课题。瑞秋继续在对美国劳动力市场和儿童托育的研究中深耕，与此同时，围绕中国人力资源的多项研究也渐入佳境。这让她不断汲取新知，对自己的工作感到兴奋。学术研究者的工作确实非常需要自我激励，当你对自己正在做的事情感到兴奋时，才会更容易地找到深入研究的时间。有时，这还意味着适当扩大甚至大胆改变自己原有的研究领域。

毫无疑问，在瑞秋的第三个和第四个孩子还小的时候，她的研究效率降低了。但这段时间并未持续多久。她发现，合作者会有很大的帮助。并不是因为这些合作者们做了更多的工作，而是因为他/她们也需要申请终身教职，获得晋升空间，从而促使瑞秋尽快完成应由她负责的那部分工作。瑞秋推迟了晋升正教授的时间，因为现有的研究工作和家庭生活已经让她不能再承受额外的工作压力。此外，终身教职申请期间的痛苦久久未能散去。但她最终决定，还是要继续前进。(你可以在本书第 9 章看到更多相关内容)

瑞秋当上正教授后，进入了一个愉快的生活阶段。随着孩子们渐渐长大，鸡飞狗跳的生活告一段落，她有更多的时间和精力投入研究和教学中。她总是能在教学和科研中感受到快乐，文章一篇又一篇地发表，项目一个又一个地完成，开始新课题时的焦虑大大减少了。瑞秋得以有更多的时间去思考什么是好的教学，这对她和她的学生都大有裨益。甚至她的行政工作（工作量往往很大）也卓有成效。

身处学术界 25 年后，瑞秋感到自己的工作渐入佳境。当然，这绝非易事；一路走来，她当然遇到了很多挫折，也不乏失望和遗憾。瑞秋做梦都想在一本期刊上发表文章，但是当编辑真的来电话邀请她在某一期上发表专题文章时，她正在医院生第二个孩子。所有的寒假，她都在改论文，而家里的其他人都在外面的雪地里玩耍。但她清楚地意识到，自己的处境已经比许多人都要轻松，因为她有一个特别支持她的丈夫，能够认可她的事业，会全职在家陪伴孩子。而且因为家里有其他人帮忙，无论大雪纷飞，还是突发耳朵感染时，瑞秋比大部分其他女同事都能更好地应对。只是她和丈夫也不得不精打细算，尽力控制开销，毕竟只有一人有收入；单单想到孩子们以后读大学的学费账单，她就陷入了一年多的深度忧虑。

21 瑞秋希望当时的自己可以知道这些“后见之明”。事实证明，很多她曾认为顺理成章的事情只是想当然。当我们讨论本书的写作架构时才意识到，克里斯汀开始学术生涯时，许多关于做学术与做妈妈的误区仍然存在。瑞秋以为随着越来越多的女性获聘终身教授，一些误区会逐渐消失，但事实上它们还是和以往一样无处不在。在对同事的访谈中，我们发现许多女性仍然因这样或那样的误区，选择从事学术研究工作。

在下一章中，我们决定直面其中的一些误区，不是为了让你气馁，而是要你知己知彼。充分了解更多的信息，才能帮助你成功地在充满挑战的学术海洋中航行。你需要长时间认真思考做一名“教授妈妈”必须做出的牺牲和面对的选择。乍一看可能有很多坏消息，但先列出所有坏消息，是为了给你提供克服各种困难障碍的具体指导。正如瑞秋的故事所告诉我们的，即使有 4 个孩子，你也可以获得终身教职。

2

# 九宗罪：母亲身份和学术界的那些不美丽真相

## 误区一：一份学术性的工作会让你有更多时间陪伴孩子

这个误区最为狡诈隐蔽，但很容易理解它为何经久不 23
衰。如果你在一所学院或大学任教，工作量为 2-2（意味着你每学期教授 2 门课程，每学年总共 4 门课程），每门课程每周的总上课时间为 3 小时，这似乎意味着你每周只要工作 6 小时。如果以一周工作 40 小时为基准，你每周比别人多了 34 小时可以照顾孩子，承担其他与家庭相关的责任，对吗？错！6 小时的课堂时间不包括备课、评阅论文、坐班、与学生见面、参加委员会会议、参加院系会议或教师会议所需的时间，不包括教师必须完成的其他大量服务工作（service commitment）所需的时间，也不包括给学生、同事、部分家长、来学院求职者、以前的学生、会议组织者和行政人员写推荐信或回复电子邮件所需的时间。这还没有包括你的许多学术工作，这些学术工作太多了，以至于没法在此一一列举（但将在后面的章节中讨论）——其中最重要的是发表足够多的文章，以获得终身教职和晋升资格。真相是，即使每周
24 只需要给学生上 6 小时的课，我们的工作要求我们每周至少要花上 50 个小时完成其他工作职责。有人认为，我们有暑假，可以自由回家和孩子们在一起。但这个想法也被证明是一个彻底的错误。对我们中的许多人来说，在学年中进行研究工作很困难，于是大量的工作被积压到了暑假，大部分的“空闲”时间就这样被占用了。

梅森和古尔登在其对加州大学系统下的所有教师展开的大型研究中，考察了教授们自述的每周用于工作、家务劳动和照顾孩子的时间。[1] 研究表明，30 岁至 50 岁、家中至少有一个孩子的女性每周花 101 小时完成这三项事务，其中 51 小时用于工作。有子女的男性每周平均有 80 小时用于这些事务，其中 56 小时用于工作。没有孩子的男性和女性每周平均工作 78 小时，其中约 60 小时用于工作。[2] 这些数字不仅表明女性学者要为家庭事务和照顾孩子多工作数小时，而且说明，无论是否有孩子，从事学术工作绝非每周只工作 40 小时。

我们的一位访谈对象伊丽莎（Elissa），刚生育不久，在加拿大一所大型研究型大学刚刚获得社会学终身副教授，她这样看待这个问题：

> 我认为学术界的灵活性对我们有利也有弊。一方面，当孩子需要我的时候，我可以在那里照顾她，大部分情况（例如生病）下都可以。然而，学术工作“弹性”的另一面，让它看起来永远没有尽头。换言之，总是有更多的东西要写，要研究，诸如此类。要写的推荐信、电子邮件以及要读的书无穷无尽。在有孩子前，我从来不知道自己到底工作了多少小时。我的时间太不稳定了，我的生活里只有工作。现在，我意识到需要对工作时间加以约束，这是一个巨大的挑战。

同样，从事美国研究的正教授克拉丽斯（Clarice）也认为，学术工作可以完完全全地占据你的所有生活。

> 至少在研究型大学里，你可以申请只从事科研工 25
> 作，它比单纯的教学活动更具时间弹性。但它也需要你做大量的研究和发表文章，还要达到特定的标准，所以也没那么“弹性”。在整个暑假，或者各种“休假”期间，我都拼了命地工作，但我还是赶不上研究进度，感觉没达到设定的要求，也没有足够的时间照顾家人，甚至都没有时间照顾好自己的身体。

我们的工作时间确实比其他工作更灵活，但这种灵活性不应被错误地理解为学术研究是一项兼职工作。我们的工作量一点也不比其他许多行业少，有时甚至还要更多。我们只是不总在早上 9 点到晚上 7 点之间工作。

我们如何破解这个误区？答案是注意所谓“弹性”的陷阱。不要认为弹性意味着办公时间的减少。你需要在工作效率最高的时候工作，必须弥补因为其他事情耽误的工作时间，否则你将无法完成申请终身教职所需的学术成果。

两个孩子的母亲，经济学教授阿拉贝尔（Arabel）解释说：

> 一路走来，我学到的一件事是，当我的孩子还小时，在家工作不是一个好主意。即使我有在家工作的条件，孩子们也会希望我把注意力分给她们。我告诉她们不要打扰我，因为我在工作。有一次，我 6 岁的小女儿走到电脑前，开始说些什么。我转过身看着她，她马上说：“我知道，我知道，别打扰你。你在工作。”那一刻让我意识到，如果我必须工作，那我就在学校工作。当我在家的时候，我要把时间留给她们。虽然这意味着我得在办公室工作得更久些，但我想，这样效果会更好。孩子们长大一点后，我在家工作也更方便了，因为她们渐渐开始独立。但我仍然告诉自己，在家工作时，有时必须停下来回应她们，不让她们感到失望。

## 误区二：头脑聪明，工作勤奋，这就够了

尽管学术界建立在令人羡慕的精英主义原则上，但才能并不是唯一的要件。人脉和共同合作的重要性远远超出任何人愿意承认的程度。瑞秋在第一章中曾提及参加专业协会会 26
议、明确自己所属领域的重要性。你必须花时间准备受邀演讲，将你的文章发送给你所在研究领域的会议组织者，以便让你的名字出现在这个领域。这一点常常让家庭生活中肩负照顾孩子重任的年轻母亲陷入困境，因为她们没有大多数男性因职业需要去往外地出差时获得的家庭后援。年轻学者在职业生涯早期想要发表文章和出版著作时，必须尤为积极主动。对于年幼孩子的父母来说，这意味着离开家庭的时间会增加。你的著作可能非常精彩，但如果不通过各种演讲、参加会议来宣传它，很快这本书就会销声匿迹。

著名经济学家丹尼尔·哈默梅什（Daniel Hamermesh）在《一位年长的男性经济学家对年轻女性经济学家的建议》中写道：

> 路易十四曾说，他不能奖励自己在凡尔赛宫中没有见过的人。学术界也是如此。即使家有幼儿，年轻的女教授们也应该参加本院同事或外校同仁的学术研讨，在年初（一月份的）会议上面试求职者，在他们参观校园

> 时与之交谈。尽管你有沉重的家庭负担，还是必须充分参与院系的“职业生活”（professional life），参与任何对工作环境至关重要的“团建”活动。[3]

申请国家基金项目和研究资助是另一种让你的研究成果脱颖而出的方式，但许多年轻学者都在回避这种努力，或是因为害怕被拒绝，或是因为他们已经有充足的内部资金。但事实上，申请研究资助并不总是为了拿到经费；还包括赢得高声望的奖项，把著作交给你所在领域最资深的学者来评判。让你研究领域的人认识你，是非常重要的一点。这意味着你要做的不仅仅是教学、研究和服务。这意味着你必须在“走向成功的学术生涯必备条件清单”（这个清单已经够长了）中再加上“构建人际关系网络”。你可能不喜欢这样做，但你真的、真的必须这么做。仅仅头脑聪明还不够。你也必须被别人看到。

## 误区三：所有学生都像你一样优秀

27 这点似乎不言而喻，但许多学生时代成绩从来没有低于A的年轻学者会惊讶地发现，自己所教的学生都只满足于C。此外，如今有成千上万的年轻教授认为，本科生的课堂教学应该像自己获得博士学位前参加的研究生研讨会那样进行。我们将在后面的章节中更详细地讨论这一问题，但这里需要指出，这是一个许多学者都会犯的常见错误，最后只会给自己增加更多不必要的工作量，浪费了应该专注于科研的宝贵时间。

这里需要吸取的经验是，仔细想想你教的学生想要什么。是的，你想让他们进步，但他们做不到，他们不愿离自己的舒适/能力区太远。你需要花时间了解学生的期望。例如，在鲍登学院，可以布置习题作业和小组项目。但在一些非寄宿制学校，安排小组项目的难度会更大一些。然而，即使是鲍登学院的学生，也不愿意接受同一门课程每周都布置两套习题。一位曾这样布置作业的教师认为她能说服学生“可以并且应该完成这些作业”。但学生们并不同意。于是，大部分学生拒绝选她的课，怨声载道。她在终身教职轨道上的第三年被解聘了。

## 误区四：学术界不再有性别歧视

学术界里依旧存在着对女性的歧视。有令人难以置信的公然歧视，也有表现为其他形式的隐形歧视。我们需要继续警惕学生对男教授和女教授的区别性评价（例如，他聪明睿智，能引人思考，而她是个固执己见的泼妇；他评分很严厉，但她简直吹毛求疵）。[4] 有一些学校坚持校内所有委员会都要有女性参加。在女性未被充分代表的领域，这是一个问题。直言不喜欢强势女性的人有男有女，但你应该确定，他/

她们不是在以此进行性别歧视。妈妈们在“非升即走”的终
28 身教职制度下深受其害，学术界的女性群体相比男性同仁处
境更艰难。[5]

此外还有一个令人不安的现实，学术界日益增加的女性化趋势，恰逢一场“无声革命”——学术研究者的工资越来越低，工作条件越来越差，影响学术劳动成果产出的变量因素越来越多。没有人会喜欢我们这样说，但自女性开始攻读博士学位以来，终身教职岗位与博士数量的比例呈现下降趋势（主要是因为博士课程项目培养出大量博士）。女博士比例稳步上升的同时，那些曾几乎专属于男性的学术工作岗位竞争日趋激烈。但我们都应该明白，这种相关性并不等同于因果关系。即使这里有一些因果关系，也只是因为前几十年，女性一直被不公正地拒于顶级博士课程之外。

马丁·芬克尔斯坦（Martin J. Finkelstein）和杰克·修司特（Jack H. Schuster）在2001年的一篇文章《评价这场无声的革命：不断变化的人口特征如何重塑学术行业》中指出，博士学位获得者数量与多样性的增加，与学术就业市场大规模的结构变化相吻合。根据两位作者的研究，1969年，美国本土出生的白人男性主导了学术界几乎各个职级的构成，此时，非终身教职轨道岗位上的学者数量只占全部学术从业者的3.3%。20世纪70年代和80年代，“非常规性”全职教学岗位激增，到了90年代中期，这些岗位已然占到了美国全职教职岗位的大多数。这一趋势恰好与获得博士学位和寻

找学术类工作的女性数量不断上升的趋势相重合。作者指出：

> 白人男性，尤其是本土的白人男性一直以来主导着学术行业。然而，1992 年时，他们在新入职教师中甚至已经不再占大多数（43.2%），1998 年进一步下降到了 36.5%。事实上，如果增加一个变量因素来观察学术行业领域的变化趋势，就会发现教师群体的结构转型程度之大。1992 年时，新聘用的全职教师中只有 1/5（20.5%）是在文科领域任教的本土白人男性，到 1998 年，这一比例进一步下降到 18.6%。换言之，不夸张地
> 说，几十年前的典型教师构成（文科出身的本土白人男 29
> 性）如今岌岌可危！[6]

最令人不安的是有一些言论影射，因为女性愿意接受临时性全职教职岗位，在某种程度上导致了终身教职制度遭到全面破坏。尽管芬克尔斯坦和修司特非常谨慎地表态，学术界女性和少数族群人数的增加本质上是件好事，他们还是指出，女性确实在“非常规”全职教学岗位中占多数，现有数据显示，女性“学期制教师”（termers）是 2001 年学术行业满意度最高的从业者。他们写道，“也许全职教授——全职从事教学、研究、服务——已经不符合当下的情况。……显然，对于一些不在终身教职轨道上的从业者来说，‘学期雇

佣’的责任更清晰明确，相比传统的学术工作，能够使其更好地满足生活的其他需求”。[7]

2010年3月，克里斯汀出席了印第安纳大学举行的一场名为“学术界的女性”专题讨论会，五位杰出的演讲者在会上讨论了支持新晋妈妈和帮助女性成功平衡工作与家庭的各种政策。会议接近尾声，坐在观众前排的一位年轻人勇敢地发表了评论。虽然他对家有幼童的教授们的各种顾虑和挑战表示同情理解，但作为一名即将获得博士学位、希望在本学科领域找到一份终身教职的单身研究生，他担心对助理教授级别的兼职岗位的过多需求，对工作弹性的过度强调，最终会减损他找到一份稳定终身教职工作的可能性。

对这位年轻的研究生来说，满足学术界内不同需求的多样化路径，有可能被公司化、市场驱动的大学利用，借机削减劳动力成本，破坏教授工作的自主性，侵蚀学术自由。他担心大量聪明勤奋的女性愿意在薪资较少、工作稳定性相对较低的情况下工作，以实现更好的工作家庭平衡，这会破坏传统的学术职业路径，正中那些希望永久性废除终身教职制度的人的下怀。[8] 换句话说，“为人父母”的需求可能成为破
30 坏资本主义驱动下的大学制度的特洛伊木马。这其中隐含的信息是，尽管学术界的母亲们有理由焦虑，但她们应该集体闭上嘴巴，以免无意中破坏她们希望进入的这个行业，即使这个行业本质上就是建立在男性特权和男性生物学的基础之上。哲学家南希·弗雷泽（Nancy Fraser）已经认识到自由女

权主义（liberal feminism）很有可能沦为自由市场理论家的使女，这是一种令人不安的倾向。[9] 本书不旨在提供对这一困境的解答，但我们确实想警示年轻的教授妈妈们，她们可能面临来自男性和女性的共同歧视，因为这些人都担心高校工作中更大的灵活性会破坏终身教职制度。

总之，反对女性进入学术界的论点会以两种性别歧视的形式出现。第一种性别歧视最为常见：认为女性在某些学科不如男性，如自然科学和数学。但第二种性别歧视则更为隐晦：女性可能和男性一样优秀，但一旦她们“到了学界内部”，太多女性的出现将会降低工资，破坏终身教职和晋升制度的基础。年轻女性，特别是有孩子的年轻女性，可能在不知不觉中成为这两种言论的受害者。你的同事可能认为你能力欠佳，或者可能认为你过于出色。我们能做些什么？答案是警惕仍旧弥漫四周的性别歧视。试着在你学校里找到，谁的这种思想最严重，什么样的制度结构可能加剧这种情况。但要注意，在获得终身教职前不要管这些，有了终身教职后再去努力解决这些问题（见下面的误区八和误区九）。最重要的是，努力工作，证明他们是错的。

## 误区五：怀孕很容易

支持母亲和父亲应该享有同等数量“育儿假”的运动值得我们拍手称赞，因为它的本质是平权。然而，这一已经得到诸多大学支持的运动，忽略了一个重要的生物学现实。男人不会怀孕，他们不会分娩，他们的胸部不会产奶，他们的生育能力在35岁以后不会急剧下降。他们不会像女性那样必须面对如过山车般起伏的激素水平，尤其是那些必须接受体外受精治疗才能怀孕的女性，因为她们已经过了最佳怀孕生理时期。

31 克里斯汀在普林斯顿高等研究所工作时，有一天在健身房的洗手间里听到一位同事抽泣的声音。她是一位出色的历史学家，快40岁了，她非常想和结婚7年的丈夫生个孩子。之前，这对学界夫妇曾决定推迟生育，希望在双双获得终身教职、职业稳定后才考虑生育。然而，他们决定要孩子时，她已经很难怀上了。她准备接受体外受精治疗，这必须注射激素来刺激排卵，但是激素水平的变化使她根本无法静心研究，情绪崩溃之下，她跑到洗手间哭泣。就在她的丈夫埋头撰写新著时，她却几乎无法让自己集中注意力。

虽然正常阴道分娩的恢复只需要几周，但更复杂的分娩或剖宫产手术可能导致女性追求终身教职的宝贵时间缩短好几个月。爸爸们，无论多么深度参与育儿，也很少会因为产后患上严重痔疮，无法坐在电脑前而被迫站着写文章。爸爸们的睡眠模式可能会像新妈妈一样被打乱，但他们不太可能遭受许多女性经历的产后抑郁症和疲劳症状。对大多数女性来说，怀孕、分娩和母乳喂养的经历非常痛苦。这些可能对女性从事学术工作造成很大影响。不幸的是，许多年轻的父母认为他们的育儿假是产出更多学术成果的额外时间；这只对爸爸们适用，他们可以跑到办公室，不必每两个小时泵一次奶，也不必冒着患乳腺炎的风险。

你需要知道升级为母亲后，自己还能做哪些学术工作。[10]
不要像平时那样计划，怀孕期间或孩子出生后的 6 个月内几
乎不能高效率产出。在这段时间里，你可以做一些事情，但
原创性写作不是一个太合理的期望。这段时间并不适合撰写
新章节，但可能是润色初稿文字的好时机。这段时间也可以
用来完成一些统计性工作，但不是规划新研究的最佳时刻。
《儿女一箩筐》（*Cheaper by the Dozen*）中的母亲（20 世纪初工
程学领域中一位杰出的女性领军人物）总是在她“生产”
期间修改润色她的书稿。[11] 确保你的研究项目不需要耗费你 32
的全部精力，不要因为没有完成之前设定的高标准目标而垂
头丧气。最重要的是，睡上一觉。你的大脑才会恢复，它也
会感谢你这么做。

## 误区六：做母亲是先天本能

没有一个孩子出生时会带着说明书。许多受过高等教育的高智商女性都会意识到自己不知道如何照顾孩子，这没什么可惊讶的。除非你碰巧幸运地有你的母亲在身边，或者能请得起保姆，否则你（和你的伴侣，如果有的话）将不得不自己解决照顾小孩的所有问题。（但要注意一些提供建议的

书对家庭主妇的选择带有强烈偏见。)

就在你构思一个渴望得到学界同仁肯定的研究计划时，可能正站在摇篮前，先得解决如何有效处理尿布疹造成的棘手问题。无论如何，做母亲的计划不会在分娩后自动下载到你的大脑中。你得接受这一点，承认每个人都会犯错误，这是让你在分娩后保持理智、不至不知所措的一个办法，尤其是此时你还要撰写著作、教授大学课程、做一个负责任的同事。

## 误区七：托育总是不如母亲亲自照顾好

过去六十年来，美国国内一直存在着反对托育制度的虚假信息宣传。这可能与残余的冷战政治有关，也可能缘于社会保守派对美国集体育儿意识的文化钳制。即使许多幼儿在优质的托育环境中茁壮成长，许多人仍相信母亲才应该是照顾孩子的那个人。这里的关键词是优质。的确有很多不符合标准的托育机构，但高质量的托育（通常意味着配备了教育学背景和/或对儿童发展和婴儿心理学有丰富经验的专业人员的、有资质许可的日托中心）有助于幼儿的健康成长。具有讽刺意味的是，有证据表明，在日托机构的幼儿免疫系统
33 比在家中长大的幼儿的免疫系统更强。加强婴儿免疫系统正是延长母乳喂养时间的主要原因之一，但是谈及托育机构的优点时，这个同样的理由却被有意忽略掉。

托育的其他好处是，它使你的孩子更早地与其他孩子互动，促进早期社交，它教会你的孩子独立，让你的孩子被其他有爱心的成年人环绕陪伴。除了给你工作的时间和空间外，良好的托育也能帮助你成为一个更好的母亲。我们的一位受访者海伦（Helen）是一所文理学院自然科学领域的终身教授，她解释说：

> 我曾经非常固执地反对托育。我原本认为，如果孩子们没有与母亲全天候待在一起，他们会被剥夺很多东西。逐渐地，我开始理解一个优秀的托育中心会对孩子们有非常正面积极的影响，培养他们的独立性，同时也给他们所需要的关爱。我从多年帮我照顾孩子的日托从业者那里学到了非常多的东西，他们让我学会了很多如何做一个好家长。如果没有这些经验，没有遇到这些优秀善良的人，很难想象我的生活会是什么样子。

尽管有大量研究表明，保姆帮忙照顾以及在托育机构接受托管的儿童，并没有比亲生母亲在家照管的儿童情况糟糕（见文本框 2.1），但在美国，仍然存在一种强烈的社会观点，认为母亲才应该是儿童的主要照料人，肩负着主要照顾幼儿生活的责任。苏珊·道格拉斯（Susan Douglas）和梅雷迪斯·迈克尔斯（Meredith Michaels）等学者[12]有力地指出，美国对“母亲”设定了异常高的标准，这是对女性进步主义成绩的抵制，是对艰难取得进步的美国女性就业的打击。在道格拉斯和迈克尔斯撰写的《妈妈神话》（*The Mommy Myth*）、朱迪思·沃纳（Judith Werner）撰写的《完美的疯狂》（*Perfect Madness*）中，[13] 我们看到大学毕业后进入到原先以男性为主导的工作场所的女性数量稳步上升，然而此时，媒体对完美母亲的报道和宣传也随之增加。这个误区对于学术界的母亲来说尤其危险，因为它不可避免地会导致“母亲的内疚”，我们将在后面的章节中予以详细讨论。

### 文本框 2.1　关于托育的调查研究

34 瑞秋学术研究的主题之一正是关于托育经济学。目前已经有大量研究关注女性的工作生活和母亲身份选择如何受到照料幼儿的需要的影响。美国女性在托育机构的问题上，面临着巨大的障碍：不信任，费用高昂，难以找到，等等。

为什么不信任托育机构？这是美国“传统家庭价值观”中的一部分。美国人比大多数其他发达国家民众去教堂的比率更高，再加上美国人的个人主义观念，这些都意味着由母亲亲自照顾幼儿永远是最好的选择。事实上，大多数有小孩的女性需要工作，应该怎么处理这种情况呢？我们采取的是团队轮换育儿模式：让奶奶/外婆轮班照看；我们有时间自己带时就自己带。（这种行为也与下面一点密切相关，即“托育花费昂贵”。轮换育儿和请亲属帮忙都是降低家庭育儿成本的方法。）

为什么托育机构这么贵？因为托育是高度劳动密集型的服务，一个老师负责看管少数几个儿童，而且因为我们的社会不提供相应的补贴（这与大多数欧洲国家不同）。补贴一年级、二年级或三年级小朋友的看管费用，似乎不成问题，但补贴三岁幼儿的托育费用却常常引发争议。为什么？回到第一点，这是因为在我们这个社会，母亲被认为就应该这么做，就应该亲自照顾幼儿，因为是她自己做出了要生孩子的选择。

为什么难以找到托育机构？主要是因为我们不想支付（或支付不起）可靠的托育服务本应需要的费用，所以我们只能将就。大多数家庭觉得差不多的托育服务就可以了。国家不提供有关托育的经济补贴，却有上大学的经济补贴；寻求托育服务的顾客群体是那些还有许多其他生活要求亟待满足的年轻家庭；而且，低质量托育产生的长期影响，一时之间在你的孩子身上还体现不出来。换言之，如果没有足够多
的人愿意为此付出相应的费用，就不会有足够多的机构愿意 35
提供高质量的托育服务。

托育在我们的生活中有两种作用：一方面有助于我们自己的工作，另一方面为我们的孩子提供一个井井有条、关爱有加、能促进学习、养成良好习惯的环境。你的任务是找到一个在这两方面都尽量做到最好的托育服务。你可能需要在这两方面之间进行权衡：有时可能需要接受一个对你工作有帮助，但质量不是最优的托育服务。或者你可能做出了相反

的选择。不管怎样，了解托育服务的两重作用有助于我们透过内疚感和经济顾虑，抓住重点。

如果重点是为你的就业提供便利，你需要的是一个稳定可靠的托育服务。如果只能在上午 9：00 到 11：30 照顾幼儿，那它对你基本没有任何用处。要找一个受过高等教育的人提供全职托育服务。我们不能保证提供托育服务的人在学期中途不会辞职，但是研究表明，教育水平较低的人的离职率更高。[1] 研究还表明，服务提供者的教育水平与托育质量呈正相关。

如果重点是为你的孩子提供一个井井有条、关爱有加、能促进学习、养成良好习惯的环境——儿童发展研究告诉我们这一点很重要——那么，请注意，高质量的托育服务带来好的结果，低质量的照顾产生坏的结果。已有数百项研究探讨过托育质量对儿童未来发展的影响，看到研究结果你可能喜忧参半，但这是因为其中有很多水平不高的研究。两项新的大型研究做了非常仔细的数据采集工作，都体现了高质量托育对儿童未来发展具有长期积极影响，包括学前准备、数学思维、词汇量以及恰当的社会交往。

第一项大型数据采集工作由国家儿童健康和人类发展研
36 究所（NICHD）完成，用于研究幼儿早期托育。庞大的研究团队合作对数据结果进行了研究分析。经过五次家访和四次前往托育机构调研，他们收集了有关儿童、他们的家庭和托育安排的大量信息，此外，他们还对幼儿从 1 个月到 36 个月的各种表现进行追踪“测试”。如你所料，许多研究现在都在利用这些数据进行。黛博拉·洛·威戴尔（Deborah Lowe Vandell）和芭芭拉·伍尔夫（Barbara Wolfe）在一份报告中对多项发现进行了总结。她们发现“最初三年的托育质量与儿童的入学准备、表达性语言和接受性语言的水平有关”。[3] 她们也发现，家庭环境同样很重要，如果以分数评判，家庭环境的分数几乎是托育质量得分的2倍，但托育质量的分数“足够高到意义重大，不可小觑”。

另一项重要研究是1993年开展的托育中心成本、质量和效果研究。它仔细评估了四个州的托育中心对幼儿的影响，持续追踪到孩子升入小学二年级。该研究比国家儿童健康和发展研究所的研究时间周期更长。研究结果可被总结为以下四条：

> 高质量的托育是实现“所有儿童都能做好学前准备”的国家目标的一个重要因素。
>
> 高质量的托育能够大概率预测儿童进入学校后有良好表现。
>
> 可能在学校表现不佳的儿童往往比其他儿童受托育质量的影响更严重。
>
> 托育课堂实践的质量与儿童的认知发展有关，而托育教师与儿童关系的密切程度影响了儿童在上学初期的社会性发展。[4]

她们得出结论，“毫无疑问，幼儿的托育经历很重要，
37 但这项研究的结果证实了这些早期经历会产生持久性影响。高质量的托育经历，特别是在课堂实践和师生关系方面的托育经历，使儿童能够更加充分地利用学校提供的教育机会”。

如何判断托育服务的质量？一些州已经为托育服务提供者建立了评级系统。不妨去关注你所在的州是否有托育评级系统，如果有，询问你关注的抚育机构是否参与了评级。如果参与了评级，它们的得分是多少？你还可以询问托育服务提供者的学历。询问每个小组中孩子的数量和看护人的数量。坐下来观察一个小时的课程。你应该看到老师与孩子交谈和互动，而不仅仅是监督他们的活动。你应该看到看护人和孩子之间的友好关系。一般情况下，一种更好的教学法是让孩子们自行选择活动，而不是要求所有孩子整齐划一地做同样的活动。基本的安全保障措施也应该到位，比如每个房间都有灭火器，并且有人提醒孩子们经常洗手，注意卫生。

如果你不满意于看到的情况，那就考虑另找一家机构。询问该地区的其他家长。全方位、多角度地想一想。该地区有一家良好的学前教育机构，但是服务时间够不够长？是否有可能将学前教育计划与家庭日托方式相结合？这可能是一个很好的解决方案。每天上午 11 点 15 分把孩子接出来送到其他的托管地方，就能解决中午不能做事情的问题。

你的孩子开始上学后，不要想着放学后就任其玩耍。放

学后的晚托班如果安排合理，可以让那些在教室久坐的孩子活动起来，或者让他们完成作业，最好的情况是，这两件事情都可以进行。摆脱母亲的内疚感，如果孩子不在你身边时也能快乐地参与各种活动，你一定要珍惜这段时间。如果你充分利用在家的时间，还会“挤出”更多的家庭活动时间，你是愿意威逼自己的孩子做数学作业，还是更想玩棋盘游戏？答案显而易见。就让孩子参加课后活动计划吧。

许多教授妈妈会选择聘请保姆或互惠生（au pair）来帮 38
忙。互惠生比较划算，但他们基本上是和你们住在一起的青少年。有时能帮上忙，有时则没有用处。而且，他们只能在你家待一两年。面试他们、让他们适应工作等都需要时间。但这样做的好处是，你照顾孩子的时间会更灵活，他们甚至可以帮助你做一些简单的家务活（将干净的碗碟收好、洗衣服、做带去学校的午餐等）。保姆可以完成所有这些任务，而且可以来你家的时间更久。可以在那些获得教育学学位的大学毕业生中找，看看是否有人愿意做保姆。就目前的劳动力市场而言，你可以用雇用一名互惠生的价格来雇用一名全职应届毕业生做保姆。他/她当然不会永远留在你这里。但你也不是永远都需要保姆。可以要求对方先承诺工作一年，与他/她建立一种开放性、信任性关系，这样你的保姆在找下一份工作时更有可能提前告知你。

还有一种受欢迎的选择是将孩子送往大学创办的托育中心。一定要早点去报名。通常它们供不应求。大学托育中心的一个优势是你可以认识其他教授妈妈。

无论使用什么样的托育方式，别忘了要消除你的内疚感，充分利用各种托育服务。高质量的托育可能是你将学生工作与母亲身份成功结合的关键因素。

## 误区八：自由派学者会因家庭原因降低终身教职的评定标准

年轻的教授妈妈们常犯的另一个错误是，看到一些同事吃格兰诺拉有机麦片*、反对战争，就认为他/她们允许那些因家庭原因而无法完成研究任务的初级教授破例晋升。必须认识到，许多学者将他们的一生都奉献给了学术事业，许多年长的女性学者选择学术道路，而不是去做一个母亲（对她们来说，这更像是一个非此即彼的命题）。虽然她们投票支持自由派候选人和进步主义立法，甚至可能赞成带薪产假，
39 但并不意味着，在你没有发表论文的情况下，她们依然会同意授予你终身教职。她们可能会允许你将申请终身教职的日期延后，可能会减轻你的服务义务，但如果涉及降低在其看来并无不妥的终身教职标准，她们通常会选择坚持自己的观点。

解决办法是撰写并发表你的研究成果。最好不要逢人便

---

* 指那些思想开明的学者。——译者注

说“下午 3 点要去接孩子”。我们不赞成完全隐藏孩子的存在，但获得终身教职前在别人面前小心低调也是理所应当。是的，你可能会在同院系年轻男性的办公室里看到他们孩子的照片，但请记住，当男性照顾孩子时，他们会得到额外的认可。如果他们在开会中途匆忙离开，去照顾一个生病的孩子，人们不太会觉得他们工作懈怠。但如果你的同事没有谈论他/她们的孩子（可能因为他/她们没有孩子），你也应该慎之又慎。

## 误区九：所有资深女性学者都是你的盟友

或许我们应该把这一点列为前一个误区的推论，但它是最危险的一种误区，所以我们把它单独列出。曾经有一段时间，女性主义运动鼓励我们把所有女性都看作一个大型姐妹团体。女性认为她们可以站在一起，在反对父权制压迫的斗争中相互支持。事实上，学术界是一片充满竞争的领域，成功者会选择有利于她们实现目标的生活方式。对于上一代女性学者而言，更是如此。育儿假没有耽搁她们的终身教职申请进程，而且彼时也没有大学资助创办的日托机构，即便如此，她们还是艰难地挤进了这一行列。她们经常被迫在家庭和事业之间做出选择。如果在真正想要孩子的时候决定不生孩子，为学术成功付出的代价不可谓不高昂。她们中的很多人被迫做出这样的牺牲，这些女性可能比一些资历深的男性

同事（他们私底下其实知道，多亏了自己全职在家照顾一切
的配偶才能取得今天的成就）更挑剔你。解决这个问题的关
键在于，找到支持你的资深女性同事，同时巧妙地避开那些
40 最有可能阻碍你成为一名“教授妈妈”的女性同事。资深导
师必不可少，但如果她们认为自己在学术界的成功是因为放
弃了组建家庭的机会，那么要提防那些劝说你延续她的“旧
路”换取学术成功的女性。在很多时候，有子女的资深女性
学者可能是最同情你的人。但是，当然，她们也可能忙于工
作和家庭事务，无法成为一个及时给你建议的导师。这时候
我们这本书就派上用场了。接下来的章节将提炼出最有价值
的建议，而这些建议可能是你们学校的资深教授妈妈们没有
时间提供的后见之明。

*3*

# 了解你自己（一）：成为一位学者

人们确实告诉过我那些早就应该了解的事情，只是我当时没办法理解，也不能认同。但事实是：这一切将非常困难；你必须做出牺牲；你的生活有时会一团糟。你时常会听到这些事情，但无法提前体验，甚至不能相信确有其事。

——海伦，一位终身教授，
自然科学家和三个孩子的母亲

在美国，平衡工作与家庭的挑战比任何其他发达工业化 41
国家都要巨大。这是因为美国人的工作时间更长，对父母育儿的要求更高，而且生活在一个高度个人主义的文化中，在这种文化背景下，养育子女是一种纯粹的个人决定，需要你个人承担责任。不同于北欧国家积极支持年轻的家庭，保护劳动力市场上刚做妈妈的女性，美国更重视劳动力群体的“灵活性”，仍然是世界上为数不多的没有法定带薪产假的国家之一。雪上加霜的是，根深蒂固的自由主义观念反对公共资助的托育，“在家自学”（homeschooling）的趋势有所增加。许多美国人就是不相信公共机构能照顾或教育他们的孩子，相反，他们认同的是就连我们的妈妈都会嗤之以鼻的旧式观念——“母亲负责在家教育子女”。从“家庭主妇”到“全职妈妈”，语词的变化体现出文化的迁移，反映了美国社会的一个重要变化。做“全职太太”已经不再广受社会认
42 可——那是20世纪50年代的风气，是经典电影《天才小麻烦》（*Leave It to Beaver*）中的家庭结构，是女权主义运动领袖贝蒂·弗里丹（Betty Friedan）倡导改革前媒体鼓吹的家庭主妇形象。但是全职妈妈与全职太太可不是一回事：你的伴侣应该能自己照顾自己，但孩子需要我们全天候的照顾，至少照顾18年。做母亲后，再从事一份工作，会被认为是在进行职业决定，一种只要求女性做出的“职业”决定，男性则不受此限。

女性主义学派的出现，促使我们承认和尊重女性的选择，无论这种选择是做一名职场妈妈还是一名全职妈妈。事实上，我们看到了一场历时数十年的所谓“妈妈大战”——职场妈妈和全职妈妈间的剑拔弩张。要想做一名职场妈妈，个人生活和职业发展都要有巨大的付出。我们看到很多成功的职业女性选择“丁克”，这种比率远远高于男性同龄人。2002年，根据西尔维娅·安·休利特的研究，在41岁至55岁有“卓越成就”的职业女性（月收入10万美元或以上）

中，49%没有子女，33%的“高成就女性”（月收入5.5万美元至6.6万美元）没有子女，而41岁至55岁的“卓越成就”男性中只有19%、高成就男性中只有25%没有子女。[1]简·瓦尔德福格尔（Jane Waldfogel）对性别薪资差距的研究发现，尽管大体上，若男女从事同一份工作，男性赚1美元时，女性只能赚70美分，没有孩子的女性却能赚到95美分，从而形成了所谓的“母亲薪资差距”。[2]高质量的托育价格昂贵、服务难找，科学证据表明母乳喂养有益于新生儿免疫系统，此外还有林林总总的因素推动女性离开工作岗位回归家庭。于是，选择“退出学界”有了很多看似“合理”的理由。

但是，职业女性中途退出，也会出于一些不太“合理”的理由，比如“全职母亲对孩子的意义最重要”的论调给职业女性带来了沉重的内疚感。除了个人原因外，有些时候，仅仅因为在做选择时不了解每个选项的具体情况，她们做出了“错误”的决定。许多年轻人（无论男女）在走上某条职业道路前，并不清楚自己真正想要的生活模式。他/她们不满于自己曾经选择的职业，决定另寻出路，并不足为奇。本章旨在帮助你在做出读博的决定前（如果你已经进入博士 43
阶段，那么就要帮助你确定是否要完成学业），思考自己是否适合在学术界发展。

这个问题在你决定读博前就应思考，进入就业市场前，同样有必要再予讨论。虽然我们在本书后面的章节提供建议，告诉你怎样从学术工作中受益，使之为你的人生目标服务，但请不要误解我们是在向你推销学术研究这个职业。事实上，本书最重要的建议就是——了解你自己。你需要确定博士学位是否值得你为之付出，在许多领域，去大学任教是博士毕业后最常见的工作。即使你决定读博，学术道路也未必适合你。有必要区分两类女性。一类的确是因为工作与家庭难以平衡的原因放弃学术工作，还有一类女性却以之为借口，退出自己本就不喜欢的职业。这种区分不容小觑。只要这两类女性在人们的心目中仍然被“一视同仁”，就会传递出这样一种信息——做一名“教授妈妈”要付出巨大的代价，这甚至导致年轻学者推迟生育或在学术生涯尚未开启时，就已经决定放弃这条职业道路。但实际上，做一名“教授妈妈”并没有这么艰难。

我们的忠告是，本章不适合一个不具有强大内心的人阅读。曾有一名博士生读了这一章后失声痛哭，她认为步入学术职业太难了。但我们的目的不是要劝阻你们不要投身学界，而是让你做好准备，去面对未来可能发生的困难（无论这些现实情况是多么让人不愉快）。如果你已经做好了应对各种挑战的准备，可以跳到下一章。否则，请认真思考一下自己究竟是哪种类型，愿意做出何种牺牲。

让我们假设有一个叫阿米莉亚（Amelia）的英语专业女博士生。从她的故事中，你可以看到一些年轻女性最后离开学术职业的原因。假设阿米莉亚就读于一所著名的I类研究型大学，她喜欢阅读小说和诗歌，喜欢对当代作家的作品进行比较批判分析，从本科时就选择了英语专业。她成绩优异，思维活跃，富有创造力。阿米莉亚在父母和教授的建议下决定攻读博士学位。尽管想早点成家，但她知道自己还太年轻，应该继续读书。毕竟，周围没有一个朋友在 22 岁时 44
就结婚，当然，也没有任何朋友打算在 30 岁前生孩子。

阿米莉亚在大学最后一年，在导师的直接指导下完成了一篇出色的学术论文，加上强有力的推荐信，她被全国顶尖的博士项目录取。博士学习的前两年，她表现出色，与同学和教授都密切合作，撰写了一系列优秀的学术论文。到了博士资格考试的时候，她开始遇到麻烦。准备这场重要考试需要大量独立思考钻研，这意味着她必须比在规定期限内完成某项课堂作业要更加严格要求自己。博士论文的撰写就更加困难了。她不愿长时间花在写作上，她感到她更愿意深度阅读分析文章。阿米莉亚需要她的论文导师持续不断地给予指导，随着阅读书目的不断增加，她不断更改论文题目。在导师的不断指导下，她终于完成了论文写作，获得了博士学位。

在 I 类研究型大学，尤其是在人文和社会科学领域，人们自然地认为刚毕业的博士理应进入学术就业市场。这也是阿米莉亚的选择。她整理了自己的学术研究档案，向全国各地的大学和学院发送了 50 多份工作申请。但其实私下里，她不太确定学术道路是一个正确的选择，尤其是大学的英语系中，论文发表的压力之大，令人难以接受。问题是，她的父母、导师、同事和朋友都希望她能从事一份学术工作。毕竟，一个人为什么要花 6 年或更长的时间去获得博士学位呢？她对文学的热爱肯定会很好地带入大学课堂上，她可以指导年轻的大学生享受深度阅读和比较分析的乐趣。

在找工作的第一年，她获得了三次面试机会，但没拿到工作邀约。阿米莉亚很震惊。她在自己努力过的每一件事上都取得了成功，包括进入自己选择的大学读博，学习自己喜欢的领域。这是她一生中第一次真正感到失望，但她的博士导师告诉她，这一年的就业情况尤为糟糕，如果她能在这期
45 间出版一两本书，第二年肯定能找到工作。这时，阿米莉亚已经开始担心也许学术生涯不是她的正确选择，但她不允许自己半途而废，如果仅仅尝试了一年就放弃学术就业市场，不就是“逃兵”了吗？而且，导师已经提醒过阿米莉亚，她甚至可能需要几年时间才能找到进入终身教职轨道的英语系岗位，因为这个学科很难找到工作。

“一整年？”阿米莉亚问她的导师，“那接下来一年我要做什么？”不久之后，她接受了一个博士后职位，可以获得些教学经验，并有时间认真修改博士论文，准备出版专著。她将博士论文中的一章改写成一篇文章，在导师的敦促下，投到一家顶级期刊。然而，经过长达 5 个月的审查，这篇文章被拒了。阿米莉亚对打开信件时受到的情感打击毫无准备。她所写的任何论文从没有得过低于 A 的成绩。审稿人的

修改意见不少，而且直截了当地建议她立即修改文章，另投其他刊物。与此同时，阿米莉亚发现自己对教学的兴趣浓厚，投入教学的时间比原本设想的要多很多。

阿米莉亚恋爱了。他是朋友的朋友，34 岁，一家律师事务所的初级合伙人。阿米莉亚现在 28 岁了，她开始担心，如果一直等下去，还能不能生孩子，她知道这才是她想要的生活。但她没有停止修改文章，终于重新投向另一本期刊。这本期刊在她学科领域内期刊排名中等，但更贴合她的研究领域。

又一个工作周期到来时，阿米莉亚获得了用稿通知，此时她已经教授了两门自己设计的课程。那位年轻的律师也向她求婚了。因为男方相对稳定，她决定在距离未来丈夫 500 英里（约为 805 千米）的半径范围内找工作，但事实上，超过 3 小时车程的职位，她都不想接受。正如她的导师所预判的，这一年的就业市场情况好转。阿米莉亚入围了 5 份工作，参加了 4 场校园面试，收到了 2 份工作邀约：一份是附近一所 I 类研究型大学，另一份是在一所距离较远的文理学院。她的所有导师和同事都鼓励她接受 I 类研究型大学的工作，未婚夫也希望她能选择地理位置更方便的职位。然而，46
在比较这两份工作邀约时，阿米莉亚意识到她在文理学院可能会更快乐，那里发表文章的压力没有那么大，班级规模也更小，氛围更好。但最后，她还是决定听从周围人的意见，也想要离丈夫更近一些，选择了那份 I 类研究型大学的工作，秋季学期入职。

她结婚了。9月份开学时已经怀孕两个月。但以博士论文为基础的那部书稿还没有修改好，她也还没有把第二篇文章送交审稿。系主任强调，第二篇文章的发表对于她的续聘非常重要，并希望她在申请终身教职时，已经将专著顺利出版。阿米莉亚希望她的系主任能阅读她的初稿，提供些有益的指导反馈，但她很快发现，系里的同事们都非常专注于自己的学术研究，根本没时间考虑别人的事情。晨吐不止，疲劳不堪，阿米莉亚几乎无法完成任何研究工作。她集中精力教学，希望孩子出生后，再继续忙专著的事情。她有很多工作要做，但起薪极低，甚至不到她丈夫收入的三分之一。更重要的是，当她仔仔细细阅读想投稿的期刊时，发现自己对学术研究有些厌倦了。阿米莉亚更喜欢阅读小说本身，而不是其他人对小说的分析性研究成果；她发现自己开始质疑这个学科的价值。

没有了论文导师的督促与指导，阿米莉亚没有以前那么自律了，没有抓紧时间修改书稿，也逐渐不愿花时间在学术工作上。那篇已被录用的稿件被返回，编辑提了许多疑问，阿米莉亚花了一个多月的时间来回答这些问题。她向现代语言协会提交的论文摘要被接受了。但就在会议开始前一个月，她决定不去参会，因为她不想在怀孕期间坐飞机。她的博士导师曾建议她为一本著作撰写章节。她也拒绝了，理由是她需要集中精力写同行评议的期刊文章。孩子出生后，她又拒绝了两个会议发言的邀请，给出的理由是要照顾小孩，但事实是因为她从来不喜欢在公开场合发言。系主任鼓励她 47 申请美国人文基金暑假资助（National Endowment for the Humanities Summer Stipend）时，她说因为忙于照顾孩子而没法充分使用这笔资助。

她的大学同意她休一个学期的产假，并提议她将终身教职的申请延后一年。但当阿米莉亚准备在秋季重返校园时，她惊讶地发现，请人帮忙照看孩子的费用占到自己工资总额的一半。此外，她在夏初寄出的第二篇文章评审意见返回，需要“进行实质性修改后重新提交”。再次遭遇拒绝的阿米莉亚感到极度沮丧。听了那些高级教授发表文章的困境后，她开始意识到在她这个学科出版一本专著是多么困难的一件事。修改书稿时，阿米莉亚愈加感到，这本专著可能永远不能出版了，她永远也无法获得终身教职了。这样的话，为什么要浪费时间去尝试呢？

但阿米莉亚没有放弃。她又坚持了一年，一周三天把儿子送进托育中心，其余两天在家工作。在给孩子哺乳、换尿布的间隙，她手忙脚乱地重新修改并再次提交论文，遗憾的是，又是一轮拒绝。收到拒信时，她在浴室哭了一个小时。丈夫下班回来时，发现她披头散发，沮丧崩溃，歇斯底里，他建议她“休息几年”，等孩子长大一点再做打算。听到丈夫的这番话，她几乎是欣喜若狂。他的工资足以轻松养家。第二天，阿米莉亚告诉系主任，她将在春季学期结束时辞职，理由是需要陪伴儿子，真正地“陪伴”他。她说，把“做母亲”和“做研究”结合起来实在太难了。

阿米莉亚的故事让我们看到，有些人选择学术道路从一开始就是个错误，他/她们根本不知道自己在做什么，不知道获得职业成功需要什么条件。无论你在人生的哪个阶段，审视自己的动机都非常重要。如果你还在读博士，更是如此。在接下来的内容中，我们提出了一些关键问题，这些问题将帮助你判断学术研究是你真正想要的生活，还是你的父
48 母、教授、伴侣和朋友让你产生的错觉？在阅读下面的章节时，请你思考自己的过往经历和未来的人生目标。

## 1. 为什么要追求精神生活？

阿米莉亚选择退出学术界，当然是受到一些因素的影响：没有物美价廉的托育机构；刚做母亲时精神紧张，压力巨大；所在学科的学术劳动力市场几近饱和；论文发表一波三折。但如果我们仅仅把她的离职归咎于难以平衡工作与家庭，就会忽略许多早已出现的信号——早在阿米莉亚被教学、研究以及照顾孩子“折腾”崩溃前，就有迹象表明，她并不真正适合从事学术研究工作。

首先，阿米莉亚选择读博时，似乎没有真正理解英语专业的博士在毕业后要做什么，也不清楚消费知识（consume knowledge）和生产知识之间的区别。博士学位是一种研究型

的学位，旨在推动各个专业知识领域产出独创性的学术成果。它并不是使你能够在大学教授一门课程的履历证明。的确有许多以教学为主的机构，但这些机构通常并不是大多数成功研究生的向往之处（更多关于机构类型，请参见第 5 章）。就业市场上大多数博士研究生来自 I 类研究型大学，他们当然被鼓励也去类似的机构就业，选择任何比 I 类研究型大学级别低的学校都会被认为是一种失败。即便有的研究生有足够强大的自我意识，知道自己可能更喜欢教学而不是研究，他们还是会下意识地将周围人给予的期望值内化，潜意识地申请研究型大学的职位。I 类研究型大学在学术界名列前茅；在 I 类研究型大学，独立的原创性研究总是比教学更重要。很明显，阿米莉亚享受学习和教学的程度远远超过了对于论文写作的热情，这本应该是一个征兆，表明她最好在一所重视教学而非以独创性研究为重心的学校找份工作，或者在学术界之外选择其他职业。(更多信息参见第 5 章。)

同样明显的一点是，阿米莉亚不喜欢独立工作，在有导师给予直接指导时，才能出色完成论文的写作。此外，阿米莉亚在面对拒绝的时候脸皮特别薄，但被否定、被拒绝是学术生活中的“家常便饭”。当然，没有人喜欢被拒绝，但最 49
成功的那些学者已经学会不把问题归咎于个人，而是把它作为智识增长过程中的必经之路。不愿意独立工作、对写作缺乏兴趣、对被拒绝避之不及，这些会毁掉即使是最聪明的年轻人的学术生涯，而无论他/她们家中是否有幼儿需要照顾。

因此，你应该问自己的第一组问题是：我为什么要追求精神生活？我所在领域内的学术争论会吸引我、启发我吗？我是否能沉下心独立工作，推动我所在研究领域的集体知识发展？我能应对任何多产学者职业生涯中都会遭遇到的拒稿吗？我是否愿意接受个人生活妥协和物质牺牲，这样就可以生活在精神世界里，与一群重视学术抽象领域有如重视美味浓缩咖啡的人一起工作？

如果你感到博士论文写作很痛苦，你对长时间花在科学研究上感到厌烦，那很可能不适合从事具有较高研究期望值的学术工作。另一方面，如果每天早上醒来你都兴奋地投入到原创论文的写作中，或者你喜欢在档案馆、实验室和田野调查中度过的每一分钟，喜欢投入大量时间写作，那么你很可能已经具备了成为一名成功学者所需的条件。如果你每两个月才与自己的指导老师见一次面，不用完全依赖他/她的帮助和督促，你自然能够在研究型大学或一流文理学院从事独立的研究工作。另一方面，如果你觉得书稿中的每一个章节，都需要不断征求导师的建议，需要他/她的持续关注，那还是放弃学术就业市场上的研究型学校吧！如果写作的过程令你痛苦而沮丧，如果你最害怕的莫过于下一封拒信上写着，“你的想法陈旧过时，你的文章枯燥无味”，还不如现在就对自己诚实点。

我们的一位受访者戴安娜（Diana）是一所大型研究型大学公共政策学院的教授，育有一个孩子。她对进入学术界的年轻女性提出了这样的建议："从一开始就要告诉自己，终身教职并不是唯一的职业选择。即使没有终身教职，生活也不会就此结束。许多优秀学者都没有终身教职。"我们非常赞同戴安娜。不把成为研究型大学的终身教授作为人生的优先事项，没有什么大不了，你不必为此感到羞耻！重要的是 50
坦诚面对自己的内心，尽最大努力去实现你的人生目标。获得终身教职很难，你需要明白，无论多么努力，即使你没有孩子，也有可能做不到。但哪怕你做不到，也不会是世界末日，愿意竭尽自己的全力就足够了。

也许是因为美国电视节目中充斥着医院、法庭和律师事务所的故事，年轻人在现实中对于成为医生或律师有着某种热烈的渴望。《急诊室的故事》和《实习医生格蕾》等医疗剧，让我们知道住院医师是多么辛苦。没有人认为在律师事务所里成为合伙人是件容易的事，但不幸的是（或幸运的是），没有一档关于学术界生活的影视剧，能够讲述年轻（长相好看的）学者在其领域耕耘时经历的考验和痛苦，这可能是因为看一个人坐在那儿改 53 分钟的论文，实在没有那么激动人心。但是大家面临的挑战和付出的辛苦大同小异，你应该做好努力工作的准备。

## 2. 你的家庭目标是什么？

在阿米莉亚的故事中，父母和导师对她期望有加，她自己不想过早结婚，双重因素的作用下，她“错误”地开始了博士阶段的学习。事实上，可能有很多聪明、有才华的女性都认为在到达社会认可的结婚生育年龄前，应该一直求学。过去 40 年中，美国的初婚平均年龄稳步上升，初次生育年龄也在上升，接受过大学教育的女性尤为符合这两种情况。她们中的许多人会工作到 30 岁后才与伴侣组建家庭，然后退出所在的职业，这种情况让她们置身于一个道德高地，感到自己是为孩子牺牲了未来可能会获得成功的职业。你想要怎样的生活？博士阶段的学习经历是否只是（或曾经是）你到达“适婚”年龄前的一个缓冲阶段？这是你应该思考的重要问题。

此外，如果你读博是认为你相信自己会成为一名优秀的学者和教授，但后来发现现实生活与想象图景不一样，于是
51 改变主意；或者因为你疯狂地爱上了一个人，想把这段感情关系和家庭放在所有其他目标之上，那么不要害怕，走向另一条职业道路并无不可。任何人都不应该被强迫进入学术职场（尽管有时确实会有这种感觉）。然而，如果你下定决心在学术界的劳动力市场上找工作，就要仔细想想你是谁，你想要什么，以及哪种类型的机构最适合你的性格。尽管很多人都想在 I 类研究型机构获得教职，但也可以看看其他选择，现实地评估不同机构对终身教职岗位的不同要求。即使找到了一份终身教职，也可能在有了孩子后发现做母亲才是生活中更令你有满足感的事情，学术研究没有那么重要。总

而言之，如果你能确定自己人生的优先项，提前放弃终身教职也没有什么可丢脸的。

最后，对于那些真正想成为一名“教授妈妈”的女性来说，如果你属于这一类别，我们有好消息要告诉你——这是可以做到的。而且，世界各地的大学里，成千上万的女性已经做到了。如果你沿着这条路走下去，很重要的一点是要明确你对成为一名母亲和一名学者分别有什么期望，制定一个实现这些期望的计划。首先让我们现实地看看其他人面临的挑战和期望。

## 3. 你是否清楚个人生活要面临什么样的挑战？

如果你想成为一名成功的学者，你需要考虑劳动力市场、你自己的工作风格、你对伴侣的期望，可能还需要考虑伴侣对你们之间关系的期望。如果你还没有伴侣，不得不考虑的一点是你在未来某个地点，遇见他/她的可能性。如果你不想要伴侣，也得考虑下是否有人能在你独自育儿的路上搭把手。我们已经谈到了独立工作、保持自律的重要性，而且，不同的学术工作对教学、服务和学术研究的期望不同。与教学和服务相比，学术研究通常以更加独立的方式进行，如果你的性格外向，偏爱交际，并且喜欢团队合作，也要相应地选择适合你特性的机构。这一切都需要认真的思考。你 52
越了解个人需求和人生的优先项，就越有可能在一个符合你实际需要（而不是在一个你自以为很好）的机构取得学术生涯的成功。

你还需要为你伴侣着想。就像成为一名医生、律师或任何其他专业人士一样，成为一名学术研究者需要相当长的时间和精力，这将影响到你已经或将要有的任何亲密关系。如果你还没有伴侣，找到伴侣对你来说有多重要？如果找到一个伴侣是优先事项，在决定选择郊区的学校工作之前，你要好好想想这个问题，因为那里的大多数同事可能已经结婚生子了。如果你想找一个伴侣，最好去一个地处大城市的学校，因为那里会有更多单身人士。如果你正在寻找同性伴侣或具有特定种族或宗教背景的伴侣，这一点就更重要了。本书没有办法提供正确答案，关键是你要对自己诚实，知道自己想要什么，并据此做出选择。

如果你已经有了伴侣，成为一名学者的决定同样会使你面对挑战。例如，如果你的伴侣已经有了稳定的事业，搬家的可能性有多大？由于终身教职稀缺，“配偶雇佣”制度尚未萌芽，夫妻一方为学者的夫妻关系可能是最难解决的问题之一。你的伴侣是否愿意支持你从事学术研究工作？你打算让你的伴侣付出多少，你打算提供什么作为回报？你的伴侣愿意跟随你迁居吗？你愿意去你伴侣的工作地求职吗？当你考虑就业市场时，这些都是需要记住的重要问题。没有人能不付出住院医师所需的漫长艰苦的时间就成为一名医生，也没有人能在不做充分准备、无法满足工作要求的情况下，就成为一名教授。这是职业现实，男女平等，不论是否为人父母。

## 4. 你是否清楚要迎来什么样的职业牺牲？

每个职业领域都有界定成功的内在规则和要求，学术界
也不例外。对于大多数职业而言，这些期望都是围绕男性生 53
物学设定，基于这样一种假设——该行业的从业者并不是主要负责照顾子女的那个人。[3]“校友关系网”仍然作用强大，资深男性学者在许多学科中处于较高职级，对女性明里暗里的性别歧视依旧存在。如果美国大学教授协会还没有能力立即消除所有这些因素的烦扰，实现改变的唯一方式是让女性和母亲（以及意识到这些问题的父亲和丈夫）进入这个行列，开始从内部改变。我们全力提倡和支持制度变革，使学术界对家庭更友好，但我们并不认为女性只有在制度变革成功后才能开启学术职业生涯。目前，年轻学者要做的是努力克服或者绕过这些障碍，更加现实地看待成为一名成功学者所需的牺牲。我们在此讨论八项主要牺牲，不是为了把你吓跑，而是为了让你做好准备，对未来的职业选择做出更明智的决定。我们都感到如果读博时知道这一切就好了。

### 高度流动性

正如前面所讨论过的，你必须愿意去往下一个博士后研

究岗或终身教职所在的地方。理科领域尤其如此，新近毕业的博士通常需要在申请终身教职之前做一系列博士后的研究工作。就业市场不可预测，你永远无法提前很长时间知道你在何时何地才能找到一份你所属领域的职位，也无法知道在某一特定年份里，与你竞争的会是什么样的一群英才。这里有两条关键规则：第一，进入终身教职轨道前，你应该预留出至少 3 年在就业市场求职的时间（理科领域要留 5 年）。第二，接受一个现实：搬家也许很折腾，但有工作总比没工作好。这并不是说博士生们在提交论文终稿后不会立即找到工作，而仅仅是说，如果你真的想从事学术职业，就要接受这样一种可能性——在找到一份能进入终身教职轨道的工作前，将不得不搬家一次、两次或三次。如果第一年或第二年没有找到工作，你应该把这看作再正常不过的事情，不要因此沮丧。如果你在就业市场上找了 3 年或 4 年后还没有找到工作，再开始担心也不晚。所有这些都意味着你必须愿意搬家。如果你已经有了伴侣，他或她必须愿意和你一起搬家或
54 接受通勤（这不是一个容易的选择，但很多学术界的夫妻都会这样做）。[4]

### 生活在不理想的地方

第二种牺牲与上一种有直接关联。尽管你曾经有自己的标准，但可能还是要搬到一个当地气候令你很不习惯的地方，或者你要从大城市搬到乡村，或者从乡村搬到大城市。

你可能不得不远离自己的伴侣、朋友和热闹的大家庭，尝试着与政治观点相左的人居住在同一社区，移居到一个在你看来毫无生气的州。所有这些都是在你进入就业市场时需要考虑的现实问题；然而，你越是设定标准，就越难找到工作机会。当你已经拿下一份工作的时候，找工作就容易多了，所以最好是有什么工作机会就先拿下它，如果你发现目前的情况无法忍受，就在第二年重新回到就业市场，看看是否能有所改善。然而，事实是，大多数新教师被研究、教学和各种服务工作压得喘不过气来，甚至很少关注自己居住的环境——因此，也许你不会像自己想象的那样介意严寒或酷暑、介意无休止的街道噪音或一片死寂的乡村。

### 只有工作，没有生活

不同的机构对获得终身教职的要求和教师晋升的标准也会不同。一些机构只专注于研究，另一些机构需要更多的教学和大学服务。无论何种情况，任何学术生涯的最初几年都会被工作排满，当然许多其他职业也是如此。如果你不是真的喜欢把所有时间都花在阅读期刊文章或在实验室做实验，这几年将非常困难。如果你已经有了孩子，你将很难再有时间从事一些业余爱好或与工作无关的活动。好消息是，你没有时间去抱怨自己住在一个不理想的地方了。此外，你的薪水可能也不够出去旅行。这就意味着……

### 接受低于预期的起薪

55 雪上加霜的是，大多数新加入学术行业的人薪水相对较低。如果你要偿还学生贷款，那么在终身教职轨道的最初几年里，你的可支配收入甚至比读博时还要少。此时许多本科毕业后就已就业的同学在各自的职业生涯中早早站稳了脚跟，能够买得起车子和房子，而你还住在破旧的教师宿舍，觉得自己的车子还能再“挺”过一年。好在薪水不会一直这么低，在一些学校，晋升到副教授和正教授后，会有大幅度的薪水提升。但最初的这几年，确实要做好财务上捉襟见肘的准备，特别是再算上子女托育费用的话。

### 推迟或限制生育

上述“牺牲”适用于所有即将开始从事学术行业的人，无论男女。但现在说的这种牺牲通常适用于女性。这是一个不幸的现实，大多数年轻的学术女性在生育的黄金时期攻读博士学位，然后努力寻求终身教职。重压之下，许多女性考虑成为终身教授后再生第一个孩子，或推迟生育第二个孩子。(我们将在下一章更详细地讨论生孩子的时间和间隔。)推迟生育当然有好处，但在博士快毕业时或在终身教职轨道的早期生第一个孩子也有一些优势。无论哪种情况，你都会陷入一种默认“家中有一个支持你的伴侣”的职业文化中。

### 在孩子还小的时候长时间工作

如果你在博士期间或在终身教职轨道的早期生了孩子，必须接受的一个现实是，要在孩子还很小的时候进行长时间工作。这意味着你孩子说的第一个词可能不是“妈妈”，你可能看不到儿子迈出第一步的样子，或者你可能会错过女儿拼读第一个单词。对许多女性来说，这是最令她们难过的一点，因为她们觉得自己错过了孩子成长重要的里程碑。但这些不过是由社会定义的里程碑。扪心自问，看到孩子走出第九步真的比看他/她走出第一步意义要小吗？错过孩子的第一个词或第一步不会让你的母亲身份打折扣，就像错过这些 56
也不会让男性的父亲身份打折一样。我们对待这一尤为困难的“牺牲”时，必须批判性地反思当今社会对母职的严苛要求。

### 无法掌控自己的命运

这种牺牲在某种意义上，最令人难以忍受。好消息是，它对所有人都公平适用，无论男性还是女性，无论是否为人父母，无论是资深学者还是新毕业的博士。学术界还没有达到我们所认为的精英至上的程度，相比其他同样声望显赫的行业，学术行业的某些方面却让人难以忍受。如果从事其他工作，你的绩效由上级考核决定，并且立即可以得知结果，但在学术界，你需要经历匿名的同行评议，几个月可能都没有声音。申请终身教职的时间很紧迫，但是你的论文（这篇你自认精彩的论文投到了你所处研究领域的顶级期刊，最终将决定你学术生涯的成败，从而改变你的整个人生）很可能被埋在一堆《纽约客》杂志下面，放在某个资深学者的桌子上，而他整个夏天都在查图加河上和朋友们划船，而不是看你的文稿。没有什么比知道这些事更令人沮丧。你的论文经常需要经过双向盲审，你的书稿会经过单向盲审（他们知道你是谁，但你不知道他们是谁），你的终身教职申请成功与否，取决于你可能永远不会看到的评审意见信，评审们的名字你可能知道，也可能不知道；此外，还要受到学生匿名对你的教学评价的影响。研究资助和基金申请的标准每年都在变化，你永远不知道谁在决定你的申请。你的书将交给那些对你个人情况一无所知的学者，并接受他们的点评审阅。简言之，成为一名学者意味着将自己置于一个未知世界，听凭命运的摆布。无论你自我感觉多么良好，无论其他人是否夸赞你聪明——盲审专家说了才算。但愿你不会忘记引用他们的观点。

## 遭受大量拒绝

最后的这种牺牲与上一种牺牲密切相关。如果你想成为一名学者，最好的办法是请来一群你最亲密的朋友和家人，花上几个小时，请大家极其详细地指出你所有的毛病和不足。如果你能顺利通过这种“酷刑”，愿意努力提高自己，学术界就是适合你的地方。同样，如果你能够倾听外部批评，调整心态，相信自己依旧在最聪明、最勤奋、最有爱的英才之列，你在象牙塔中将有美好的未来。相反，如果你坐在那里，对关爱你的家人朋友的意见感到怒不可遏，决心不 57
再与他们往来，或者更糟糕的是，你发现自己甚至考虑遁入空门，那么学术生活肯定不适合你。作为一名学者，意味着能够面对一些令人难以接受的拒绝和否定。你的研究资助申请会被拒。你的文章会被拒。你的著作大纲会被拒。会有学生不喜欢你，他们会在学生评价中一针见血地说出来。但是如果你想继续从事这一行业，就必须脸皮更厚一些，学会接受好的一面和坏的一面。你的期刊文章被录用或著作初稿最终获得通过时，那种快乐、满足和解脱感将无与伦比。如果你只喜欢被表扬或者自尊心过强，那还是现在就离开吧。如果无法忍受各种暴击，你会在学术界过得很辛苦。

## 5. 你是否想过学术工作与其他职业道路的区别?

看过一长串的负面消息后，你肯定准备不继续读博了，或者打算完全放弃学术界。这种冲动看似合理，但你接下来会做什么呢？完全不工作吗？或者在其他行业找工作？不工作——也就是说，让你的伴侣给你生活费——将会让你陷入被动，如果对方突遭不测或者你们离婚，该怎么办？莱斯利·贝奈特（Leslie Bennetts）2007 年出版的著作《女性的错误》(*The Feminine Mistake*)，是任何想把依靠男人作为生活保障的女性的“必读书目”。[5] 即使有赡养费和子女抚养费，大多数离婚女性的生活水平在婚姻破裂后也会大幅下降，而且，一个人离开劳动力市场很长一段时间后也很难再回归。长期离开自己研究的领域会使你与该领域的前沿文献和当前讨论脱节，对于自然科学领域的学者来说，这个问题更为严重，因为在自然科学领域，学术的发展速度是惊人的。如果
58 你想重返学术界，因为简历中大段的时间空白，你很难找到一份终身教职。如果学术界能有更多的休息时间就好了，这样父母们可以在家里陪孩子度过关键的几年，之后再重新开始。遗憾的是，这种情况短期内不可能改变。大多数领域的博士供给已经过剩，总会有人渴望取代你的位置。

另一种选择是找一份非学术性的工作，这是《妈妈，博士》等书极力鼓励的。但关键是要认识到，其他工作也并非没有取舍。例如，在一个非营利组织工作可能不比助理教授的工作时间少，而且薪水也没有提升。我们的建议是，记住我们上面列出的牺牲，为你正在考虑的任何其他职业列出类似的“牺牲清单”。另一方面，你要知道，学术生活的回报不菲（是的，尽管上面的内容很消极，但我们认为确实有很多回报）。它的回报包括但不限于：读书和思考有报酬；可以自主决定研究课题与研究方案；能够与本领域的同事进行国际合作；进行创造性写作；与年轻人一起工作；能够对他人产生重要影响；工作时间灵活（特别是在夏季）；利用学

术休假进行研究，免受杂务干扰；工作令人尊敬；（最终）得到一份体面的薪水。这个列表可以继续下去，不同学科的情况也会有所不同。

事实上，很多女性学者提及自己的工作以及工作产生的喜悦时，都充满了虔诚与敬意。例如，苏珊·阿西（Susan Athey），美国经济学家协会颁发的约翰·贝茨·克拉克（John Bates Clark）奖章首位女性获得者，于2001年写道：

> 我喜欢身处研究过程，或者是研究最开始的阶段。提出一个新理论，设计一个模型，证明一些结果，然后不断变化模型，直到得出一个合适的模型，钻研它的运行原理——这是那个模型真正为你“歌唱”的时刻——没有其他任何可与之媲美的美妙享受。有时朋友们会对我努力工作表示不满，但我不得不说，解决模型问题的那种忙碌比我能想到的其他任何事情都要有趣。我真心 59
> 喜爱这份工作的另一个原因是能与学生们一起工作；特别是我可以指导学生，看着他们不断取得职业进展。这让我感到工作的意义深远，比做其他事情的影响力都更加持久。[6]

所有接受采访的教授妈妈都表达了类似的观点，只是受访者的学科细节方面略有不同。除了享受研究和教学工作外，几乎所有的受访者都称学术界最有优势的一点是它的灵活性。虽然她们都承认，在学术界必须非常努力地工作，而且的确投入了很多时间，但她们也提到对于时间安排的自主性和对于工作节奏（或多或少）的掌控感到满意。米里亚姆（Miriam）是一所Ⅰ类研究型大学的历史系副教授，育有一子，她指出在学术界工作有着重要的优势，特别是：

> 能够掌控（自己的）日程，自主决定来校工作时间。可以根据个人日程安排和家庭模式来进行研究和写作，而且可以将研究需要与工作、度假和旅行结合在一起。出于上述原因，我选择了学术界，作为一个职场妈妈，这是实现家庭和工作平衡的最好情况。我们工作很努力，但也有很多自主性——尤其是获得终身教职之后。

贝琳达（Belinda）是一所大型综合性州立大学的女性研究助理教授，她在40岁时生了孩子，她告诉我们：

> 我认为学术界是做母亲的好去处。虽然我会抱怨，但我们的工作确实有很多灵活性和自主性，这对于照顾孩子很有帮助。当然，我们的工作多得从来也做不完，我们总是把工作带回家，这可能是在学术界工作的一个缺点，它需要你很好地安排时间。

在学术界工作有两点其他行业无法比拟的优势：一个是
学术休假，另一个是研究资助。在许多机构，教师在完成 12
个学期的教学任务后即可享有一次完整的带薪假期，这意味
着教授大约每 7 年有一次休假。一些教授能够得到足够的资 60
金，一整年休假，如果有其他外部资助，有时甚至可以将假
期延长到 2 年。在普林斯顿大学、耶鲁大学或哈佛大学等顶
尖院校，教授们每 3 年可获得一个学期的学术休假，鲍登学
院等其他文理学院也在努力将学术休假间隔的教学时长从 6
年减少到 5 年。对于许多有孩子的学术界女性来说，学术休
假是一种绝佳的福利。公共政策教授戴安娜解释说：

> 学术休假是学术界的一大优势……可以提前几年就开始计划你的学术休假。看看如何申请，一旦符合条件，就可以立即开始。虽然这一整年你只能拿到一半的薪资，有时甚至要动用积蓄，但别忘了，这是一整年的休假。学术休假是救命稻草。可能是做研究的好时机，能让你从不间断的日常事务中获得喘息——你真的可以每周去三次健身房了。休假回来的我精神焕发，对课程和研究又重新燃起了兴趣。

学术界的父母们会反复提及工作的灵活性和有时间休息充电的优势，还有些人会谈到作为一名教育工作者和知识创造者会带来个人回报和政治收益。玛丽莎（Marissa）是一所

Ⅰ类研究型大学的历史学教授，她有两个孩子。她告诉我们，学术性工作：

> 使工作日程具有灵活性，在奉行精英主义的制度下相对地减少性别歧视（我们虽然常常抱怨，但我还是不敢想象在一家实力雄厚的公司里，工作场所的性别歧视会是什么样子），让我有能力在很大程度上决定自己的工作内容（意味着教我想要教的课程），使我的学术“产出”在智识上和道德上都会得到背书，让我有一种更加宏大的使命感。我可能会对懒惰的学生感到沮丧，但我的期望值总是与我自己的智识和价值观联系得更紧密，只要能够在某种程度上有效地将我的想法传递给部分听众就够了，无须担心需要解决所有问题。

对于接受我们访谈的所有女性而言，这些“牺牲”最终被证明还是值得的。但是，牺牲与回报是否相当，完全取决
61 于你自己的判断。对某些人来说积极的方面（有机会因为进行研究而去旅行）对其他人却可能是消极的。鉴于我们在上文列出的一些牺牲，你也应该列出自己的利弊清单，然后做出适合你的决定。

## 6. 你愿意接受自己选择带来的后果吗?

在本书建议你做的所有事情中，这是最难做到的：接受选择带来的后果。你不可能把每个身份都做到完美——超级学者、超级教师、超级妈妈。但是，你可以是一位受人尊敬的学者、一位认真投入的老师、一位慈爱细心的妈妈。总会有人比你更聪明，比你更有效率，比你更专注，比你更成功。记住，即使你没有孩子，上述结论同样适用，如果你有孩子，情况更是如此。是的，男性会更轻松，尤其是那些家有伴侣打点一切的男同事。但另一方面，有一些年长的女性可能选择减少简历上一半数量的文章，来换一个成为母亲的机会。她们会像你羡慕她们的生活一样羡慕你的生活。一句古话说得好：邻家芳草绿，隔岸风景好。我们很自然地会和他人比较，但更应该现实地看待自己有多少能力。海伦是三个孩子的妈妈，也是一位终身教授。她这样说：

> 至今，我还是相信“拥有一切”，至少我会用它作为一种内在标准，自我否定。例如，当我参观别人的房子时，它看起来很整洁，就会让我觉得，我没有很好地完成一个妈妈的工作。当我看到其他人在专业上出类拔萃而我还做不到的时候，我会怀疑自己是否有能力处理好一切。“我真的应该能够把每件事都做好，因为我周

围的人都在这么做……”——我很难放弃或摆脱这种想法。

你对自己的期望一定要在合理范围内。是的，你可以都做到。但是也请告诉自己，你不可能做到样样完美。如果你能接受这一点，就已经领先他人一大步了。

# 4

# 了解你自己（二）：成为一位母亲，生几个孩子，什么时候生

2006 年的一项研究表明，女性获得博士学位的平均年龄 63
为 34 岁，获得终身教职的平均年龄为 39 岁。[1] 简·赫尔（Jane Herr）和凯瑟琳·沃尔夫拉姆（Catherine Wolfram）对哈佛大学女毕业生的调研数据表明，相比那些学士毕业即去工作或者继续就读法律博士、医学博士、文学硕士或工商管理硕士的同龄人，获得博士学位的女性生育概率更低。[2] 她们还发现，这些女性博士的结婚率同样相对最低（仍然是相当高的 73. 5%*）。在所有已婚女性中，她们做母亲的比例最低。结合这两项统计数据，219 名接受调研的女性博士（PhD）中，53. 4%已婚，毕业 15 年后有至少 1 个孩子。医学博士（MD）的这一数据为 69. 1%，法律博士（JD）为 63. 0%，工商管理硕士（MBA）为 65. 7%，文学硕士（MA）为 58. 2%，没有继续深造的女性为 59. 5%。[3] 获得博士学位的女性生育孩

* 此处“相当高”的意义是：相对于更低的生育率而言，女博士们的结婚率高达 73. 5%。——译者注

子的平均数量为 1.74，医学博士的这一数据为 1.84，法律
博士为 1.94，工商管理硕士为 1.88，文学硕士为 1.84，没
有继续深造的女性这一数据是 1.97。有可能获得博士学位的
女性只是比其他哈佛女性毕业生略微推迟了生育时间，但在
所有获得硕博学位的女性类别中，初次生育的平均年龄惊人
地相似。获得博士学位的女性更可能选择“丁克”，即使育
有子女，女博士的子女数量也比其他类别的女性少。尽管选
64 择生育的博士人数在增加，[4] 但与读其他学位的人相比，她们
的数据仍然相当低。其他研究也证实了这些发现，根据调
查，许多女性认为无子女的“丁克”状态是实现学术成功的
必要条件。[5] 在理科领域，从事博士后工作需要大量时间在实
验室做研究、可供选择的研究机构数量有限等多方面因素使
得生孩子更难成为学术道路上的选项。[6] 虽然这些数据令人不
安，但这不是事情的全部。

就生孩子而言，我们认为学术界的女性可以分为三种类型：非常确定想要孩子的女性；已经确定不想要孩子的女性；对生孩子持开放态度但也接受不生孩子的女性。我们不会揣测这三个群体的规模大小，这与我们的写作目的没有直接关联。当然，我们理解，有时女性会改变自己的想法，但大多数情况下，你对自己属于以上哪种类型最为清楚。

对于确定想要孩子的女性来说，眼前的问题是什么时候要孩子、要几个孩子，对你们中的一些人来说，还要考虑和谁生的问题。本章将重点讨论这些问题。答案不能信口拈

来，我们要为你一一呈现这些“可能性”。如果你属于第一类，那么需要把“生孩子”设定为一个目标，就像把完成博士论文或获得终身教职作为目标一样。对你来说，下一个问题是：你是否愿意在没有伴侣的情况下生孩子。学术界有许多单身女性会领养孩子或选择匿名精子捐赠者。如果你不想做单亲妈妈，而且还没有伴侣，那么在你的目标列表中也得加上“寻找伴侣”。我们的一位同事为了实现“寻找伴侣”和“生孩子”的目标，采取了与获得终身教职类似的策略。写书时，她设定的目标是一周内完成多少页的写作。寻找伴侣时，她设定的目标是一个周末要约会多少次，并且给每个男人不超过一小时的时间。虽然看上去比较冷血无情，但获得博士学位的女性通常有着强烈的内在驱动力，而且时间紧迫。如果孩子对你来说很重要，当然没有理由坐在家门口等待白马王子或公主的出现，就像你不可能坐在家里等论文自己完稿。

对于第二类女性而言，不生孩子是一个完全可以接受的 65
选择，你会发现学术界有很多人跟你一样。看看前文引用过的梅森和古尔登的统计数据：50%的理科领域女性和62%的人文社科领域女性获得终身教职时没有孩子。虽然有些人可能采取了“终身教职优先”的策略，成为终身教授后再考虑生育问题，但也有许多人选择“丁克”不生孩子。顶级学术机构中，没有孩子的女性人数似乎更高。克里斯汀在普林斯顿高等研究院和哈佛大学拉德克利夫高等研究院工作时，大约三分之二的女研究员都没有孩子。当克里斯汀问哈佛一位没有孩子的终身教授，能否说出一些有孩子的女同事的姓名时，这位教师挠挠头回答说：“我想不出在这里有哪位终身教授有孩子。”然而，如果你是那么确定不想生孩子，为什么会翻开本书呢？也许你还没有做好决定。或者你只是听别人说，这两者不能兼得。但我们要请你记住：**两者兼得，并非不可能**。

于是我们把目光转到第三类：你可以想象你的生活有孩子，也可以接受没有孩子。你目前有生活伴侣吗？与他或她确认过对生孩子的态度吗？如果你们的态度不一样，最好花点时间讨论一下。这个对话进行得越早越好。结束此番对话后，你们中的一些人将去往第一类，而其他人将明确孩子不在你们的未来规划中。你还是拿不定主意吗？那就继续读下去，找到一个生孩子的“时机”没有那么难。拿到终身教职后再生可能是一个不错的选择，但请注意，如果那时已经无法生育，可能要付出巨大的心理和金钱代价。

## 如果你确定想要孩子

对于那些属于第一类的女性，也就是确信想要孩子的人，我们传递的主要信息是——不要等太久。毕竟，这是你的一个人生目标。你不应该因为“生孩子”在你的愿望清单上而感到尴尬。它并不会让你对学术研究的投入减少。当然，我们理解你不想让招聘委员会或博士导师知晓这个目标，但这不意味着你要自欺欺人。自我意识是成功实现愿望的一个关键要素。

“不要等太久”是什么意思？它意味着不必等到终身教 66
职申请结束后再考虑生孩子。如果你在理科领域，千万不能真的拖到那个时候，也没有必要在进入终身教职轨道后再考虑。如果你博士毕业后很快进入终身教职轨道，而且想要的孩子数量很少（一两个），可能会想先等等看。但大多数女性不应该等获得终身教职后才考虑。生育能力可能并不会支撑那么久。即使是营养良好、身体健康的女性，在 30 岁时生育能力也会下降，35 岁后更是急速下降。是的，事实就是这样，有些女性可以在 40 岁出头再生孩子，有些女性则需要医疗介入，但你最好不要那么做。医疗介入费用高昂，许多保险计划都不承担相关费用，而且激素注射真的会让你的头脑不清醒。当然，有些幸运的女性在快到 40 岁或 40 岁出头时自然受孕，但概率很低。除非你开始尝试，否则永远不知道自己是否在幸运儿的行列。回到最初的问题上来，生孩子对你有多重要？对于不喜欢失败的女性来说，怀孕失败也可能带来毁灭性的情绪打击。

人们常常说等待一个“好时机”，但生孩子从来没有什么“好时机”。孩子，特别是非常年幼的孩子，会占用你很多时间，我们当中可没有一个人有这么多的时间。总有论文要读，总有截止日期要赶，总有文稿要改。所以不要等到所谓的“好时机”再生孩子，因为根本就没有这样的时机。相反，你可以让自己挑选的时机“成为”一个好时机。孩子无论什么时候到来，都会带给你喜悦和成就感。

历史系副教授索尼娅（Sonia）同意我们的建议。当我们问她什么时候是生孩子的好时机时，她这样回答：

> 没有生孩子的好时机，但如果可以的话，先确保把你的博士论文或专著书稿进展顺利（最好是完成它们）。你得有一个支持你的伴侣，同时好好利用时间。事实上，在我认识的许多女学者中，有孩子的会比没有孩子的科研产出更多，因为我们会由衷地感到必须好好利用时间。

索尼娅说得没错。一项研究发现，家中年幼子女的数量与学术生产力的提高呈正相关。[7] 如果控制各种变量因素，史蒂文·斯塔克（Steven Stack）发现，子女年龄在 11 岁以下的学者群体比没有子女的同事发表量更高。斯塔克认为，可能因为这些学者希望为自己的孩子提供更加稳定的生活，换言之，是孩子的存在激励了学术界的父母们更加努力地工作。并且这个结论适用于职业生涯的各个阶段。这意味着即使获得终身教职后有了孩子，你也可能比没有孩子的同事更高产。斯塔克还发现，在社会学和刑法学这两个女性教授比例相对较高的领域，有年幼子女的男性和女性学者的研究成果量并没有显著差异。尽管斯塔克认为所有有孩子的学者的科研产出量都很可观，但对于家有 5 岁以下幼儿的教授群体而言，男性的发表率明显高于女性。尽管这说明性别差异仍然存在，但这对母亲们来说并不是一则彻底的坏消息，至少它印证了索尼娅的想法：有孩子的女性学者比没孩子的更高产。

这一切意味着什么呢？你是否应该在读博或者做助理教授的时候就生第一个孩子？如今，读博时生孩子的女性比瑞秋那时要多得多，[8] 但还只是个例，而非常态。2004 年一项对加拿大女教授的研究发现，处于终身教职轨道上的大多数女性学者认为，职业生涯中过早生孩子不利于其实现职业成功。在《五月出生的宝宝和获得终身教职后生的宝宝》（*May Babies and Post tenure Babies*）一文中，卡尔门 · 阿尔门蒂（Carmen Armenti）指出，许多加拿大女学者会做怀孕计划，她们希望能在五月生孩子*，或将生育推迟到获得终身教职后。[9] 显然，女性并非总能在她们想怀孕的时候就怀上，但阿尔门蒂惊讶地发现，她的许多受访者都谈到想“生一个五月份的孩子”。一位受访的加拿大女学者说，最担心的莫过于预产期在学期中。阿尔门蒂还指出，许多女性接到等待已久的院长来电，得知自己成功获得了终身教职后，都会兴高采烈地决定不再避孕。一旦怀孕（无论是在获得终身教职前还

---

* 生一个五月份出生的孩子意味着，养育婴儿最艰难的前三个月可以在暑假中完成，而不用影响后续教学任务或其他科研活动。——译者注

是之后)，接受访谈的女性都表示，会尽一切努力隐瞒怀孕
68 的事实，因为她们担心成为母亲会被认为研究效率下降。莉萨·沃尔夫·温德尔（Lisa Wolf-Wendel）和凯莉·沃德（Kelly Ward）的研究表明，美国女性学者也有类似的忧虑："新妈妈们担忧的程度让我们震惊又困惑。她们谈到对（育儿假）政策的担忧，谈到对不能成功获得终身教职的担忧。她们担忧生孩子可能被认为无法充分投入科研工作，也担忧同事们对其生孩子的尖刻评判。"[10]

这些女性的担忧并非毫无根据。克里斯汀校园面试时，向鲍登学院招聘委员会隐瞒自己刚做妈妈，不是没有理由。在另一项研究中，梅森和古尔登发现，生孩子的时机对获得终身教职非常重要。[11] 在不同学科和不同类型的机构中，早育女性获得终身教职的可能性远远低于早育男性。然而，有趣的是，晚育女性（母亲获得博士学位 6 年或 6 年以后才生子）获得终身教职的比例与没有子女的女性大致相同，这可能是因为晚育女性已经工作稳定，而且她们更有可能只生一个孩子。

确切地说，什么时候生孩子，取决于你是谁、你的生活处于什么阶段。这似乎是老调重弹，但我们还是要强调，真的没有什么所谓的好时机。瑞秋等到成为一名助理教授后才生下第一个孩子。克里斯汀在完成博士论文和找工作的那一年生了女儿。所有的选择都存在着利弊的权衡。对瑞秋来说，她的目标非常明确：完成博士论文，然后生孩子。瑞秋

害怕在博士论文没有完成的压力下生活。此外，大学提供了充分的医疗保险和一份可以重返校园的工作，种种因素促使她决定在那个时候怀孕。她没有料到的情况是晨吐。人们经常谈论养育一个孩子需要付出多少努力（确实如此），但很少谈到“怀”一个孩子同样也很辛苦。回想起来，瑞秋在第一学期就怀孕可能并不是一个最好的想法，好在她最终成功地控制住了晨吐（通常情况下这是可以控制的）。

艾奥瓦大学经济学教授贝丝·英格拉姆（Beth Ingram）
在文章《育儿与事业相结合》中写道，“我第一次怀孕时， 69
（相对）轻松；但是怀凯茜（她的第二个孩子）时，早上、中午、晚上我都会吐。大部分时间吃不下东西，我的工作效率真的很低。我是自然受孕，但还是损失了很多我本不打算失去的时间”。[12]

克里斯汀怀孕时，总是感到异常疲惫，她无法想象在申请终身教职期间怀孕。没有人知道自己怀孕后会有什么状况（每个人的情况可能都不一样）。因此，时机是一个非常微妙的个人问题，但也是一个非常重要的问题，因为我们知道，生孩子对母亲的影响比对父亲的影响更大。琳达是社会学副教授，在获得终身教职后，40 岁时生了第一个孩子。我们问她对初入学界的年轻女性有何建议时，她说：

> 尽可能先等一等，但也不要等太久！做父母/母亲需要付出很多，而且让人精疲力竭（特别是在孩子小的

> 时候）。遗憾的是，目前学术界还没有一种机制，可以确保真正实现男女学者的平等竞争。现实情况是，母亲身份最终还是会限制女性的职业发展。

阿拉贝尔（Arabel）是一名经济学教授，她在申请终身教职期间生了第一个孩子，获得终身教职后生了第二个孩子。她认为自己生孩子的时机“还可以”。从她的角度看，她甚至“无法想象还在读博士时就生孩子的场景”。然而，对于克里斯汀来说，她在博士阶段最后一年的时间相对灵活，教学基本结束了，大部分田野调查也完成了，已经是生孩子的好时机。克里斯汀的论文导师非常关心她，希望看到自己的研究生在生活的各个方面都取得成功。那时克里斯汀已经结婚，所以导师建议博士最后一年是生孩子的理想时间。她刚在保加利亚调研了 14 个月回来，打算接下来用整整 1 年（或可能 2 年）的时间写作。这所大学有很好的医疗保险和生育津贴。因此，当克里斯汀发现自己怀孕并且预产期是 11 月 14 日时，她把这个日期定为完成博士论文的最后期限。11 月 10 日，也就是她女儿出生的 3 天前，虽然已经疲劳不已，而且由于怀孕出现了坐骨神经痛，克里斯汀还是
70 坚持写完了博士论文结尾的最后一句话。

海伦（Helen）也是在读博士时生了第一个孩子，她发现这个模式很适合自己：

对于一个理科博士来说，我的时间模式有些不同寻常——我读博时就生了孩子。我可能是［X 大学］第一个在读博时就生孩子的理科生，这令人有些惊讶，但也可能消息不准确。我没有料到当时还没有育儿假的政策。幸运的是，我的领导很棒，他告诉其他人我会有 3 个月的假期，这件事就这么解决了。而且，我刚读博的时候就已经决定好，自己不会等到获得终身教职再生孩子。我身边有太多的女性因为这个决定承受了各种各样的后果——最终她们可能并没有成功获得终身教职，也没有成立家庭，又或者在获得终身教职后，已经很难怀孕（我在本领域一些取得重要学术成就的女性身上，看到了不少这样的情况，使我决定不能像她们一样）。我很高兴把这些事情都一一安排好了——读博士时生第一个孩子，博士后阶段生了第二个孩子，在［Y 学院］又生了一个孩子。这样的安排非常适合我，我想不到比这更好的情况了。

朱丽叶（Juliet）是一所著名文理学院的历史学副教授，读博时生了两个孩子，进入终身教职轨道后又生了两个孩子，当然，做出的个人牺牲也不少。与有意识掌控自己怀孕时间的海伦不同，朱丽叶没有那么注意怀孕的时机。

我有四个孩子，但我经历了五次怀孕。第一次怀孕

> 的时候，我考虑得不够全面，发现怀孕时，我正准备出国访学一年，完成博士论文。由于我要去调研的国家卫生条件太差，我不确定是否要在那里生孩子。而且当时没有规定可以因为生育原因，推迟领取研究资助。各种因素的综合作用下，我和这笔研究基金失之交臂。[不幸的是，孩子刚出生便夭折了。] 第二次怀孕是我在博士毕业论文研究旅行（dissertation research trip）回来后经过计划的。第二个孩子（第三次怀孕）在我交了博士论文终稿两个月后（在我有工作之前）出生。第四次怀孕让我措手不及（发现怀孕是在我任教的第一年，孩子出生在秋季学期，所以我不得不整个学期都休假）。我最
> 71 后一次怀孕的时候，终于做好了时间安排——孩子在六月份出生，而且我没有错过任何教学活动（虽然我的研究受到了影响）。

当我们问朱丽叶生四个孩子对她有何影响时，她说，于她而言这并不容易：“非常难，很大程度上是因为我的丈夫也是一位学者，他的工作需求跟我类似。我大约有十年时间都睡眠不好（毫不夸张），这严重影响了我完成科研工作和照顾家庭。我总是感到疲惫不堪。申请终身教职时，我真的不认为自己能够成功，不是我的科研能力不足或职业道德欠缺。是我的时机不好。我问院长是否可以推迟一年再进入终身教职的申请考评（因为我那时又生了一个孩子，但没有休

假），但我的请求被拒绝了，因为没有一个合理的方式去解释我将大把时间用于养育四个（而不是一个或两个）孩子这一事实。我选择生孩子，似乎本身就与终身教职的学术产出期待相冲突。我感到自己作为四个孩子的母亲，常常被认为没有真正致力于学术研究工作。我更愿意从另一个角度来看这个问题，尽管我选择了一个大家庭的生活模式，但我仍然是一名有教学热情的教师和一名积极活跃的学者，因为我全身心地投入其中。无论如何，回顾自己初入学术界的岁月，我意识到自己曾是多么迫切地需要有人在工作与家庭的平衡问题上引导我，现在我有经验了，我愿意尽我所能为年轻的同事们提供帮助”。

朱丽叶的情况当然比较特殊，因为很少有女性可以在有四个孩子的情况下仍然成功获得终身教职。但那些只希望有一两个孩子的人听完她的故事，应该能够感觉好些了。虽然有像瑞秋和朱丽叶这样的成功故事，但许多女性仍然害怕在获得终身教职前生孩子。事实上，我们采访的大多数研究型大学的“教授妈妈”都是等到 40 岁后才生第一个孩子。贝琳达（Belinda）是加利福尼亚州一所大型州立大学的助理教授，是位单亲妈妈，她解释说：

> 我有一个五个月大的儿子。我等了很久（他出生的时候我 40 岁）才决定生孩子，主要有两个原因。首先，我是单身，但我知道自己想要一个孩子，当我意识到时 72

机到了，接下来的一切就顺理成章了。第二，我一直等到自己完成了申请终身教职所需的全部任务。这一点尤其重要，因为我是一个单身妈妈，一旦有了孩子，很多事情都会变得很难，事实证明，我是对的！

琳达（Linda）是加拿大的一位社会学教授，她也等获得终身教职后才生孩子。

我有一个孩子。我怀孕的时候 40 岁了，距离我提交终身教职申请已近过去了几个月。获得终身教职 4 个月后，我的孩子出生了，那时我 41 岁。生孩子的时机，是多种因素综合作用下的选择结果。我很确定自己想生孩子；然而，二三十岁的时候我有相当一部分时间在读博，去国外调研（例如，学习博士研究所需要的语言，做田野调查）。我三十多岁的时候离开美国，在加拿大一所顶尖大学进入终身教职轨道（这是人生的另一个重大变化）。为了实现很多学术目标，我需要克服大量挑战，这消耗了我大量的精力。我也的确在试图平衡学术研究和个人生活的过程中挣扎了相当长的时间。我希望有比较高的学术成就，这种期望在很多时候会影响我的选择。虽然我曾短暂地约会过，但很久之后才遇到那个可以与之共度一生和生育孩子的人。我真的希望有人能成为我的伴侣，支持我的抱负追求。事实证明，这可遇不可求。30 多岁的时候，我有了人工授精的想法；但是，我不想独自一人抚养孩子，我不停地推迟生育的想法，直到生物钟的最后一刻。幸运的是，我 39 岁时遇到了一个很棒的男人，我可以想象和他成家生子的样子。老实说，我不确定要和对方共度余生，但至少知道目前我们彼此相爱。现在，我们还在一起，而且有了一个漂亮可爱的女儿。

经济学教授戴安娜（Diana）同样等到获得终身教职后才生孩子，但部分原因是她与伴侣长期两地通勤，这种情况在学界夫妻中很常见。

追着一个小宝宝跑来跑去，需要相当的体能，如果我是 30 岁而不是 40 岁，会轻松许多。我要是早点开始就好了。如果早一点开始的话，我们可能会考虑再生一个孩子。但我和我的伴侣多年来两地通勤，在为人父母的道路上，我们有许多挑战需要克服。

克拉丽斯（Clarice）是西海岸一所大型研究型大学的美国研究教授，她把等到 40 岁后才收养女儿的原因归咎于缺乏资深导师的引导：

我要是当初得到鼓励就好了。我几乎没有可以追随的榜样（我认识的女性学者都或多或少地只专注于自己的学术工作，或者她们一直对自己的配偶感到不满）。逐渐地，我对做母亲也没有多大兴趣了，无法想象自己在成为一个母亲的同时还能有一份想要的学术职业。但如果我的博士研究生希望成为母亲，我会鼓励她们，尽可能多地帮助她们，我会诚实谈论这其中的利弊。但我的教授们从来没有跟我谈论过，她们不能也不愿提供很多信息。而且，她们大多没有孩子，我和她们只有工作关系。

同样，米里亚姆也一直等到过了40岁，并且拿到终身教职后，才领养了一个孩子。她觉得缺少导师的指引，是影响她做出推迟当妈妈的决定的关键因素：

博士阶段从来没有人真正与我讨论过（什么时候生孩子），如果能听到别人说有可能在获得终身教职前生孩子，那就太好了。但这意味着你的机构、你的院系要支持你，也意味着你要学习如何兼顾学术研究和家庭生活（许多美国家庭已经这样做了）。

虽然没有生孩子的“好”时机，但总的来说，有些时间点会比另一些时间点更“糟糕”。梅森在加州大学伯克利分校担任研究生院院长时，在伯克利父母网（Berkeley Parents

Network）上发起了关于学界父母育儿的在线讨论，[13] 那些给
出何时生孩子建议的人基本都认为，处于终身教职轨道的那 74
段时间是最糟糕的生育时间。一位教授妈妈说：

> 根据我的经验/观察，女学者生孩子有两个最佳时间点，要么早，要么晚——要么在攻读博士时期就生孩子，要么在获得终身教职后再生。如果你是人文学科的博士，需要集中精力完成博士论文，但多花一两年时间不会对你的博士研究造成太大影响。除了对女性的偏见尤其是对母亲的偏见，会对你造成巨大影响的是，能够在全国范围内申请工作的灵活性。你的配偶需要高度配合，一旦你博士毕业，可能马上要搬到下一所大学的所在地。如果等获得终身教职后再生孩子，可能太晚了，但另一方面，这时你的工作已经稳定了。接下来的时间，你暂时可以进入职业“自动驾驶模式”。我系里所有的妈妈都在这两种情况之中。

看完所有这些不同的经历，如果你想成为一名成功的学者，获得终身教职，你会选择在什么时候生第一个孩子？答案是“任何时候”。只要记得为怀孕期间和孩子刚生下来的头几个月做好计划，就能让任何时机“成为好时机”。如果对顺利受孕过于乐观，或者期望能够在短时间内恢复到怀孕前的研究能力，在我们看来似乎都会以失望收场。你能找谁

来帮你吗？你的伴侣能请假吗？你的父母或兄弟姐妹有时间帮忙吗？你能负担得起孩子出生后几个月内的全职护工吗？不要害怕寻求帮助。如果没有人能够提供帮助，那么你需要预留出一段没有学术产出的时间（你在实现其他人生目标的过程中，已经很有收获了）。对一些人来说，博士资格考试通过后和全力投入写博士论文前的这段时间比较恰当。有人会用两年而不是一年的时间完成论文写作（只要你不在这些时间去上更多的课来弥补收入损失）。如果你是一名助理教授，你的学院或大学会给你带薪假，那么就坦然接受。不要担心你的同事会怎么想。只要你“犯有”生孩子这项“罪行”，他/她们就有可能判定你对学术研究的投入程度不足，
75 因此哪怕你休假，情况也不会更糟。我们都需要利用这些休假，这就像行政人员的带薪休假周一样平常。刚被诊断患有严重疾病的人需要休请病假，院系给我们的这些假期与这没有什么本质区别。坦然接受育儿假，还有助于消除育儿假蒙受的污名。

考虑暑假“休息”期间生孩子？不，瑞秋生第一个孩子时犯了这个错误。她精心计划，想让孩子在暑假开始时出生。首先，认为自己能够精准计划孩子的出生日期，就很冒失草率，会增加你的心理压力。更重要的是，暑假对大学而言是最好的时间，但对你来说却并非如此。为什么？你真的在“休息”的时候休息吗？不，那是你应该完成自己研究的时候。也就是说，这段时间你会在实验室或档案馆，或者在

进行田野调查。如果我们的工作既有教学又有研究，为什么只有研究时间因为生孩子被打断？不要试图规划孩子出生在哪个月，但如果你的身体条件允许，最好在教学学期中。如果你幸运的话，在孩子出生之前，你有几周不用去教学，那这可以用来弥补孩子出生后你失去的研究时间。

如果孩子在暑假出生，秋季学期开始时，你还有资格休假，如果是这种情况，建议你选择休假。正如我们先前所讨论的，生孩子后你的学术产出能力一定会有所下降。暂时离开教学工作会让你有更多的时间花在孩子身上和自己的研究上。减少两个学期的教学是不是比只一个学期不上课更适合你？如果你属于这种情况，不妨申请休假。如果不是，那就回归课堂。如果这是你第二次生孩子，那么不要更换第一个孩子的日托机构。这种稳定性有助于他/她的生活。日托结束后，你会有更多的精力与第一个孩子玩耍交流，而且你可以在第二个宝宝午睡时完成一些写作。更不错的选择是，你可以自己小睡一会儿。

第二个孩子的出生时机与前一个有什么关系？考虑到你的年龄和你想要的孩子的数量，我们的建议是尽可能延长两个孩子的时间间隔。为什么？主要是因为养育孩子不是一件可以逃避的事情。这本应是一件值得享受的事情，但如果两个孩子的间隔过短，你将不得不一直处于精疲力竭的状态，无法享受天伦之乐的美妙。第二，因为你还想继续待在这个行业。

76 如果你想退出学术界，那么第二个孩子出生的时机就不那么关键了。但如果你真的退出了，你得知道，至少回到原来的研究水平非常困难，甚至不太可能。新罕布什尔州大学经济学教授凯伦·康威（Karen Conway）写道："为了抚养孩子而中断工作比研究标准提高带来的后果更严重。中断五年后再教一门课并不难，但要让人们相信你五年后还有能力做研究则非常困难。"[14] 也许你觉得回不到当初的研究水准也可以，但你不一定走上这条道路。生孩子后，你可以去寻求大量的帮助（带薪假期、无薪假期、亲戚帮助、伴侣帮助），享受你应得的所有假期，你可以把所有事情暂时抛诸脑后。两个孩子出生时间间隔要久一点的另一个原因是，你可以等拿到终身教职后再生第二个孩子。再强调一次，你需要非常清楚生第二个孩子对你而言有多重要。对克里斯汀和瑞秋来说，有第二个孩子真的很重要。但是否要生第二个孩子，因人而异。

## 你想要几个孩子？

你应该有几个孩子？克里斯汀有 1 个，瑞秋有 4 个。鉴于此，我们认为答案在 1 到 4 之间。一个孩子很好。忘掉那些关于独生子女会感到孤独或被宠坏的论调吧。独生子女会得到很多关注，这是好事。你可以充分享受孩子的每一个年龄段，不必兼顾另一个孩子的需要。你已经有足够多的事情需要处理：你伴侣的需求、你的工作、你自己的需求，等等。独生子女非常喜欢与大人共度时光，因此总的来说，你们会有更多的时间在一起。另外，孩子如果在日托中心，大部分时间都是和其他孩子在一起相处的。

两个孩子？一个孩子在学走路，还有一个在学数数，为什么不呢？生两个你就可以体会到这种美好了，而且他们还拥有彼此。有一个兄弟姐妹会很不错——这样就有了晚餐前互相抛球玩的好伙伴。此外，对你来说也很有帮助，比如瑞秋的小儿子遇到了青少年情感关系的问题，她就派出大儿子去和小儿子谈心。（男生当然不会和他的父母谈论这些事。） 77

三个孩子？三个孩子可能有点可怕，因为你不能使用“分而治之”的育儿策略。（有些单亲妈妈生完第二个孩子，就已经决定排除掉这个选项。）孩子的数量会超过你和伴侣的数量。但有三个孩子，就有了一个充满活力、以孩子为主体的家庭。一些人喜欢这样，但一些人肯定不这么看。

四个孩子？“难道你不知道怎么阻止这种事情发生吗？”瑞秋怀上了第四个孩子时，一位同事的妻子对瑞秋这么说道。事实上，瑞秋的目标一直是生四个，但从人们的反应中，可以清楚地看出，瑞秋正在突破他们承受的极限。罗宾·威尔逊（Robin Wilson）最近在《高等教育纪事》（*Chronicle of Higher Education*）上发表了一篇题为《生两个以上的孩子是一种不成文的禁忌吗？》的文章，[15] 她讨论了为什么生两个孩子是一种不成文的限制。生两个以上的孩子会给人一种

“你有些贪心”的感觉，或者被认为对自己的工作不够投入认真。这当然也是人们对四个孩子的母亲、历史学教授朱丽叶的印象——四个孩子就等于“工作不投入”。安德里亚·奥雷利（Andrea O’Reilly）对 60 名有孩子的学术界女性做了一项研究，她说，“旁人对你的要求就是一心工作，成果不断，你的工作就应该是你的生活。你不应该被其他事情拖累”。[16] 是的，如果你有 3 个或 4 个孩子，别人会感到惊讶，但别忘了，哪怕你只生 1 个孩子，有些人也会皱起眉头。你需要决定自己能承受的极限，更重要的是，对于你和你的伴侣以及你的其他孩子来说几个孩子最合适。大学学费账单会来得非常快，牙齿矫正的账单会来得更快！

如果你确定想要孩子，甚至想好了孩子的数量，但还没有一个伴侣怎么办？你需要想想，是否愿意在没有伴侣的情况下生孩子。这个问题不轻松，不同的人会给出不同的答案。如果你还是想先找一个伴侣再生孩子，那就优先考虑找伴侣的问题。就像你完成其他人生目标一样，寻找伴侣需要投入一些时间。找工作的时候尤其要考虑这个问题，因为在某些地区，和你条件相当的男士会比其他地方少。如果你愿意做单身母亲，最好先去和已经做出这个选择的女性（可以从这个不错的网站开始：www. searchmothers. com）请教经
78 验。你不是唯一做出这个选择的女性学者。事实上，有许多学术界的女性都选择收养孩子，越来越多的书谈及收养问题或国际收养制度。许多在国外做研究的社会科学教授会在当

地收养婴儿。其他人可能通过寄养制度实现。克里斯汀的一位同事找到了一家专门为单身职业女性服务的收养机构，现在她有了一个来自危地马拉的漂亮女儿。除了收养之外，还可以通过人工授精的途径来生育孩子。

你是一个正在考虑生育的女性（同性恋）学者吗？如果你决定做孩子的孕母，前文提及的所有挑战，也同样适用于你，同时你要明白，你的伴侣可能更适合做孩子的孕母。受孕、分娩、母乳喂养等都会让你的身体吃不消。许多大学现在规定，同性伴侣也可享受某些医疗保险福利。如果你的同性伴侣生下孩子，或者你收养了一个孩子，你同样可能有权申请育儿假（通常为无薪假期）。本章再三强调，如果你有权享受这些福利，请坦然接受它们。

此时的你正在就业市场求职吗？在你接受一份工作之前，先要一份工作手册。如果可以选择的话，想想工作邀约中的福利待遇是否"对家庭友好"。如果你已经在大学工作，看看学校福利委员会的成员是哪些教授，悄悄地游说他/她们中的几位成员，推动带薪育儿假制度及允许延评终身教职。现在很多学校都提供了这些福利，你的学校可能也愿意予以考虑，倒不是因为学校在意你，而是因为他们担心发出的工作邀约是否足够有竞争力，和其他学校竞争优秀人才。一些接受我们访谈的女性抱怨她们当时没有这些福利。南部一所公立大学历史学副教授索尼娅（Sonia）说：

> 我生下双胞胎一年后才有产假的政策。所以我没有任何带薪假期。我被直截了当地告知，人们认为我是一个“懒人”，因为我休了无薪假——每生一个孩子可请一年假——而在这些无薪假期里，同事们认为我应该继续学术产出。

## 文本框 4.1　家庭友好政策

79 晚近才出现对“教授妈妈”的支持。一直以来，不近人情的大学严格限定了终身教职的申请评定日程，而且认为所有的休假都不应该在教学学期中。经过学术界母亲们的持续斗争，情况正开始发生变化。1993 年通过的《家庭和医疗休假法》（The Family and Medical Leave Act，FMLA）规定，全美任何在职一年以上（不必连续）、在过去 12 个月内工作超过 1250 小时，且所在企业有 50 名以上雇员的员工（或公职人员），都可享有最长 12 周的无薪休假来生育或收养孩子，或用以照顾自己、配偶、子女或父母的身体。这是美国所有劳动者的权利，不是你的院长极不情愿之下准予的特权。

除《家庭和医疗休假法》的规定外，40%的大学提供了至少 12 周的休假，约有半数大学提供工作场所的托育服务。越来越多的机构（但仍占少数）近期还采取了一系列其他政策，如允许延评终身教职、满足家庭需求的弹性工作制、托育补贴、带薪育儿假以及配偶就业帮助。密歇根大学女性教育中心的卡罗尔·霍伦斯海德（Carol S. Hollenshed）、贝丝·

苏利文（Beth Sullivan）和吉利亚·史密斯（Gilia Smith）于2000年调研了255所大学，讨论了其他家庭友好政策的实施可能性。43%的学校允许因育儿而延评终身教职，但对具体细节的规定未有统一标准。研究型大学最有可能允许延评终身教职——比例为86%，相比之下，只有23%的文理学院有此政策。不同机构的不同规定，促使强烈建议加强机构对教授家庭提供支持的萨兰娜·桑顿（Saranna Thornton）得出结论，你真正需要考虑的不是**什么时候**生孩子，而是在**哪里**生。[2]

各个大学和学院通过可能增加财政支出的政策的速度都 80
比较慢。调研结果显示，只有22%的研究型大学提供带薪休假用于照顾孩子；32%允许减少教学课程；29%允许教授减少工作量；22%允许进入终身教职轨道的教授从事兼职工作。当然，如果你足够幸运，有机会挑选工作，应该把是否有这些政策作为选择标准之一。大多数大学会在网上公布他们的员工手册，这样可以很容易找到是否有育儿假的政策，而不必特意跑到院长面前询问。

如果你已经是终身教授，就请你积极推动你所在的机构，通过尽可能多的家庭友好政策。我们希望你永远不要因为孩子或配偶生病严重而用上带薪假期，但谁也不知道会发生什么。有必要提醒行政人员，他们可以在家庭成员生病的时候请带薪假，可教授们却不能积存（accrue）休假日。应该有政策允许教授们以行政人员积存休假日的方式，积存

“紧急事由休假”。

纸上谈兵还是不够。无论你想寻找一个对家庭友好的机构入职，还是想推动更多的家庭友好政策出台，都需要考虑教授们是否愿意使用这些政策。许多研究表明，很多女性教授往往没有充分利用对家庭友好的各项政策。被问及原因时，她们表示不想被认为自己对学术工作不够认真、不够投入。凯莉·沃德和莉萨·沃尔夫·温德尔对学术研究和母亲身份的关系做了大量研究，她们将这种情况称为“顾虑因素”（fear factor）。[3] 教授们对使用这些政策（其中许多政策还不成熟）存有顾虑，行政人员在制定此类政策时存有顾虑，担忧这是在“照顾弱者，降低标准”或者偏袒某个群体。各个机构应该真正创造一个对家庭友好的氛围。院系主任需要向所有的初级教授和高级教授申明，一个人选择组建家庭并不意味着他/她不符合一名学者的标准。获得终身教职后，你可以和同事们谈论你的孩子们，邀请孩子参加系里的聚
81 会，而不参加下午4：30召开的教师会议。梅森和她加州大学伯克利分校的同事们强烈要求改变学术界的现状，让“有孩子”这件事变得更加中立化，而不必因此被人随意评判。她们呼吁道，最优秀和最聪明的博士们正在离开学术界，因为它不能提供令人满意的工作/生活平衡。[4] 这一点可以改变，而且必须改变。

玛丽莎（Marissa）是中西部一所大型公立大学的历史学

正教授，她也有类似的经历：

> 我在一所Ⅰ类研究型州立大学工作，它的育儿假政策非常糟糕（现在的假期比我生孩子时还要更少，在我的积极争取下，育儿假才从 6 周被提升到 12 周）。如果你想生孩子（即使是领养，如果没有育儿假，与孩子相处也会面临巨大的挑战），在美国的大多数大学，还是得根据《家庭和医疗休假法》的规定。所以你有几个星期的时间能和刚出生的小宝宝待在一起，每天相处 5—7 个小时。祝大家好运。那两个学期里，除了喂奶，我什么也不记得了。“慷慨的”育儿假结束后我必须回去继续教课。我的收入是家里的主要收入来源，所以不能申请无薪假期。我需要克服许多困难，好在我的伴侣时间很灵活，很爱孩子，可以随时照看孩子。但是喂奶他做不到。此外，荷尔蒙让我抓狂，让我不得不进入一种“自动驾驶模式”。那是最艰难的时期。

最后，当我们的职称晋升后，我们有责任与年轻的同事们谈谈她们的选择，推动我们的同事接受“育儿假不是一种变相的研究假期”。考虑到你所有的“休假”时间，终身教职评委会或外审专家可能希望你有更多的学术成果。在发表同行评议文章比出版专著更重要的学科中，这个问题尤为明显。因为你的育儿假也被认为是研究时间，他/她们会认为 82

你的终身教职申请材料中理应包含更多的论文。

重要的是了解你申请入职的机构的文化，清楚地知道你需要达到什么成就才能在那里获得终身教职。下面我们就来谈谈这些问题。

# 5

# 博士最后一年：进入就业市场，选择合适的机构

学者要适应多线并行的生活，博士最后一年应该深有体 83
会。完成课程学习后，你可能要教学、批改论文、在办公室坐班，当然，还得撰写博士学位论文；你可能还想寻觅一个伴侣，或者至少分一点点时间给已经找到的伴侣；也可能你已经有了孩子，这都需要你分摊时间和精力。你必须意识到，教授的生活与读博时大同小异。如果你很厌倦这种需要兼顾诸多事项的生活，想象着一旦在名字后加上了“博士”头衔，就会万事大吉，那你可能需要重新考虑投身学界的决定了。不同阶段，你给各个事项分配的时间可能有所不同，但所有要完成的任务已经就位。

博士期间，你最重要的任务当然是完成学位论文。博士论文是你的重中之重，就像申请终身教职前，要把研究工作当成头等大事一般。第 6 章、第 7 章中关于进入终身教职轨道初期的所有建议，同样适用于这个时期。你的博士论文不需要完美无瑕。只要能通过答辩委员会的审查，并且能作为

后续发表系列文章的坚实基础，就足够了。最好的博士论文是已经完成的学位论文。

要仔细听取每位指导老师的意见。他们为你提供解决问题的线索，告诉你怎么做才能让论文通过，怎样修改才能让它发表。要记得定期与你的指导老师见面，或通过邮件向他/她们报告你的写作进度以及你所设定的写作时间节点，例如
84 “我计划在这个日期前完成第三章；我会交一份论文摘要；在那个日期前我会将这些内容作为第四章”。

你的博士同学会是你未来的同事和合作者。一些学科已经同意将合著文章作为学位论文中的某个章节。但目前来说，我们建议不要这么做，因为大多数院系认为合著文章中的个人贡献难以明确。这个时期可以开始设计构想与博士同学或同事的后续合作项目，学位论文快完成时就可以启动该项目。一个能持续多年的研究项目得益于一个切实可行的研究计划。如果你在理科领域，要与你的实验搭档建立良好的关系，为未来的联合研究项目打好基础。如果你在人文领域，可能相当一段时间内你都会独自研究，但与同领域的博士同学建立良好关系还是大有裨益，他们之中可能有人成为你所在领域的著作或期刊编辑、研讨会组织者、审稿人，甚至是研究基金项目的同行评议人。不论你在什么学科，都可以与曾经的博士同学共同组织策划学术论坛，宣读论文，深入讨论自己的研究议题。

如果博士期间你需要承担教学工作，那你需要开始练习

投入“足够”但又不会“过多”的时间到教学上。这说来
容易做时难，你需要非常清楚将每天宝贵的时间用在哪里。
尽可能了解学生的预期，如果其他老师都布置 4 项作业，你
就不要布置 8 项；如果其他老师都安排 2 次期中考核与 1 次
期末考核，你最好不要只安排 1 次期末考核。精心设计过的
试卷或论文写作题目比随意安排的考核作业更容易打分。不
要匆匆忙忙地布置考题或写作任务，留足时间，隔天后再重
新审阅一遍，估算你评阅试卷时需要的时间。通常这个时候
你会删去一道题目，这是个明智的做法（即使你删去的是道
不错的题目），这样做会让学生有更多的时间把其他题目答 85
得更好。布置阅读任务时也是同样道理。阅读 2 篇文章不比
阅读 3 篇文章的效果差，多给学生一天时间，他们也许能更
好地理解要点，你也不用在他们的作答中通篇寻找正确答
案。未来的雇主会查看你在研究生时从事教学工作得到的学
生反馈意见表，但他们也明白，教学这件事会随着时间越发
精进。

如果你在写博士论文时有孩子，第 7 章的建议就能派上用场了。撰写学位论文是一项工作，一项花时间才能做好的工作。确保一周至少 5 天你有时间能够全身心进行论文写作。一天至少需要 3 个小时（当然投入的时间越多越好），这期间你必须专心致志地写论文（而不是在浏览各个网站或是查看邮件）。读博时经济会比较紧张，但找个可靠的托育机构是一项非常值得的投资。你的论文越早完成，就能越早

就业，越早增加收入，缓解昂贵的托育造成的经济压力。

最后一件要考虑的事是何时开始“上”就业市场。大多数博士项目没有规定递交学位论文前的学习时长上限，所以在交博士论文终稿前开始求职也是个不错的选择。关键在于，要确保博士学位论文已经基本完成，这样为你写推荐信的人可以自信地说，你在入职前一定可以取得博士学位。如果没有找到合适的职位，你也可以选择延期一年呈交学位论文，利用这些额外的时间着手把学位论文修改成著作或一系列期刊文章。克里斯汀女儿的预产期是 11 月 14 日，那时距离她完成自己的博士学位论文仅剩数日。她曾向答辩委员会成员呈交过一份基本完成的初稿，得到了积极的反馈和评论。委员会认为这篇论文经过修改，通过最终的评审不成问题。克里斯汀在孕期已经进入就业市场开始求职，因此她决定在找到工作前暂不呈交最终版本的学位论文，尽管这意味着她可能要再把论文修改 3 个学期。加州大学伯克利分校提供了充分的医疗保险，克里斯汀本身有研究资助和教学工作收入，可以解决延期毕业带来的经济负担。鲍登学院是她参
86 观的第一所学校，也是第一所发来工作邀约的学校，在其他学校还在考虑是否聘任她时，克里斯汀早已接受了这份邀约。她高兴地敲定了工作，签完聘用合同并搬家到缅因州后，才向学术委员会呈交了最终版本的学位论文。

虽然每个学科情况不同，但是战略性地思考何时“上”就业市场以及应聘什么样的机构，是你博士阶段最重要的环

节之一。这两个决定会在很长一段时间内影响你的工作和家庭生活。这些决定会随情况变化，但它们的重要性不容小觑，值得你投入精力尽可能收集更多有利于你做出决策的信息。我们现在就来聊聊选择机构的问题。

## 就业市场

学术界是个金字塔。很多人攻读博士学位进入学术行业，但能够不断向上晋升的人数逐级减少。学术界金字塔骤然变窄的节点，就是获得博士学位开始求职的阶段。据美国大学教授协会（AAUP）2003 年的报告称，20 世纪 90 年代时，3/4 的人从事的工作岗位不在终身教职轨道上。该机构于 2006 年发布的报告显示，尽管 1975 年时，56. 8%的工作属于终身教职或在终身教职轨道上，这个数字在 2003 年已经降为 35. 1%。2004 年美国历史协会（AHA）的数据显示，1990—2004 年间获得历史学博士学位的人中，只有 32%的人目前在高校历史系中有教职。就社会学而言，一项对 1996—1997 年社会学博士群体的研究统计了 2001 年时已在终身教职轨道上的人数。研究发现，1996—1997 年间获得社会学博士学位的人中，截至 2001 年，36%无子女的男性和 33%无 87
子女的女性分别从事终身教职轨道上的工作。在博士期间就已有子女的类别中，25%的男性在 2001 年时进入了终身教职轨道，有子女女性的这一数据为 24%。这意味着即使是无子女的男性，也有 2/3 的社会学博士 2001 年时还没有进入终身教职轨道（或许他们志不在此）。这些数据清晰地表明了一个事实，被授予博士学位的人数远高于学术机构的相关职位需求，供大于求的环境下，对教职的竞争异常激烈。

因此，即使你没有子女，在许多领域，要进入终身教职轨道的前景也并不乐观，你可能有几年不得不只作为一名兼职教授。（在第 6 章文本框中有我们对兼职教授的建议。）许多博士的自尊心在学术就业市场上经历了第一次真正的痛击。在发出 60 多个求职申请后，可能一场校园面试都没有收到，这太令人沮丧了。但在就业市场上，这种情况很常见。这需要你厚着脸皮，不断积攒勇气，年复一年地再次踏入就业市场。对于大多数新毕业的博士生，这是唯一一条通往终身教职的道路。

如果你认真阅读至此，应该是已经认准了学术职业的道路。那么现在需要考虑的是，何种机构最能实现你的个人生活目标和职业追求。当然，我们知道大多数人在这件事上没有多少选择，学术就业市场反复无常，博士生们没有资本对第一份工作挑挑拣拣。但你还是有可能在这一年中遇到一些选择，如果你第一份工作所在的机构并不能帮助你实现目标、发挥专长，那你需要决定下一年是否重新进入求职市场。博士生们大多毕业于研究型大学，他们的导师和榜样就是在研究型大学中授课的教授，因此或多或少会受此影响，希望在类似的机构中任职。但其实，美国有众多不同类型的学术机构可供选择。

关于不同机构的工作条件和对终身教职的评定标准，我们已有不少刻板印象。在本章中，我们使用卡耐基教育进步基金会（美国最权威的教育基金会）2010 年更新后的分类标准，聚焦四类机构：I 类研究型大学、综合性大学（曾经的 II 类和 III 类研究型大学）、文理学院和社区学院（associate’s college）。面对如此之多的机构发出的招聘启事， 88
除研究型大学之外，对于其他机构的工作环境和条件，博士生们往往一窍不通，不清楚这些机构能否实现他/她们平衡工作与家庭的愿景。我们的目标就是通过本章，让你们了解不同机构对进入终身教职轨道有什么样的要求。我们将以实证研究（通过不同机构中的教授妈妈们的亲身经历）验证对于这些机构的刻板印象是否准确。

比如，有一种刻板印象认为，研究型大学对于家有幼儿的人，确切说是对于任何需要履行个人义务、不能时时刻刻全力投入研究任务的人都非常不友好。一定程度上，这种论调没错，因为研究型机构中终身教职轨道上的教授们需要完成的研究数量庞大。年轻教授们已经非常熟悉研究型大学这种“不发表，就出局”的基调，知道要获得终身教职，做好研究是首要目标。但也因为教学和其他社会服务在这里没这么重要，初级教授们也可以一门心思地做研究。相比于研究型大学，教学在其他类型的机构中更为重要，服务事项也更繁重，如果还期待教授们对本科生投入精力，再要求高质量的学术成果，似乎有些强人所难了。要在这类机构里获得终身教职，不仅要有杰出的研究能力、优秀的教学水平，还要花时间完成各种服务。温德尔和沃德的一项研究发现，家有幼儿、在研究型大学工作的女性认为，她们比家有幼儿、但在文理学院工作的女性更容易获得成功。[4] 事实上，这项研究还发现，在文理学院工作的女性，如果家有幼儿，会对获得终身教职的前景更为焦虑，因为她们感到本机构对于终身教职的评定标准过于主观，不甚明确。这还没有算上近年来许多大型研究型大学开始施行更加进步的育儿假政策。[5]

具有讽刺意味的是，比如许多女性选择接受文理学院而不是研究型大学的职位，恰是因为她们认为文理学院更有利于照顾家庭。卡罗尔・霍伦斯海德、贝丝・苏利文和吉利亚・史密斯共同完成的研究表明，私立大学比公立大学更有可能提供带薪育儿假，这可能是文理学院对家庭更友好的原因。[6] 你需要做的是仔细阅读可能入职学校的员工手册，当你在校园里面试时，留心一切可能有关的信息。在育儿假和延
89 评终身教职方面，一所顶尖研究型大学可能不比一所地区综合性大学更适合有家庭的女性，后者在你学术成果较少的情况下依旧可以提供终身教职。诚然，各个院校大同小异，地理因素以及家庭责任才是影响博士生选择去哪里入职的重要因素。重要的是要考虑不同类型的机构有不同的要求，要认识到同一类别的机构之间也会差异巨大。据我们的经验，博士生们对不同院校之间的差异往往一无所知。

## 研究型大学

研究型大学是授予 20 个（及以上）博士学位（不包括法律、医学等职业型学位）的机构。北美顶级研究型大学包括 61 所美国大学和美国大学协会这一教学和学术研究组织的认证的 2 所加拿大大学（有关 AAU 认证机构的完整列表，请参见附录一）。这些大学有时被称为 I 类研究型大学，其开设博士课程的数量、研究资金的总额和教师学术研究成果量均高于其他机构。一些顶级研究型大学构成了常春藤联盟：布朗大学、哥伦比亚大学、康奈尔大学、达特茅斯大学、哈佛大学、宾夕法尼亚大学、普林斯顿大学和耶鲁大学。其他顶级研究型大学还包括麻省理工学院、斯坦福大学、加州大学伯克利分校、杜克大学、加州大学洛杉矶分校、密歇根大学、纽约大学和芝加哥大学等。（当然，上述名单没有涵盖美国国外的顶尖大学，它们不在本书的讨论范围内。）

研究型大学的科研比教学和服务更加重要，对于教师科研发表的期望值最高。教师们的教学工作量较少，通常每学期只有两门课，有时每学期只有一门课，这取决于你的学科。这类学校信奉“不发表，就出局”，这也是你最熟悉的氛围，因为你可能就是在这类大学获得了博士学位。研究型大学并不需要教师过多地投入服务，但还是会有很多事情可

90 能会占用你相当多的时间，比如你必须参加院系的委员会会议，参与博士面试录取工作，指导研究生，等等。一般来说，本科教学不是最重要的工作，你也不需要像其他类型院校那样在本科教学上投入大量精力。这类大学通常依靠研究生助教来引导课堂讨论环节，评阅部分（或全部）试卷。2000 年，克里斯汀在加州大学伯克利分校担任兼职教授时，惊讶地发现研究生助教负责评阅课上全部 70 名学生的作业，而且可以领取工资。她的主要职责包括设计教学大纲、授课和坐班。相比之下，她成为鲍登学院的终身副教授后，常常要亲自评阅 70 名本科生的论文或试卷。

但在服务和教学任务较轻的地方，研究任务通常很重。研究工作占用了你大量的时间，而且往往情况不在你的掌握之内。回想一下第一章中瑞秋的故事，当时那篇对她至关重要的文章在编辑桌上放了 18 个月后，被退回来，要求“修改并重新提交”。由于大多数期刊不允许你同时向其他期刊投稿，你的研究在发表前可能会被搁置数年。这种做法不仅增加了你的研究成果或想法被其他学者窃取的可能性，在某些领域还有被超越的风险，特别是在社会科学领域。（对此问题，我们的建议是你可以以“工作论文”的形式先予发表，或者发表在自己的网站上。）这可能导致年轻学者会向那些同行评审程序不那么严格的期刊投稿，但在研究型大学，这种策略并不是个好的选择。你在申请终身教职时，外部评审专家会查看你所在专业领域的期刊排名。晋升之前必须在有限时间内在本领域顶级期刊上发表文章的初级教授常常感到非常焦虑。

研究型大学的另一类共性要求（取决于学科）是获得外部研究资助或拿到声誉很高的基金项目。填写此类研究资助申请可能需要花费大量的时间和精力，但在某些领域，成功申请到研究资助是获得终身教职的前提条件之一。你不应该
认为它中断了你的研究工作，因为填写资助申请表格期间正 91
在进行的研究正是你接下来要进行的项目前期基础。在自然科学领域，一些大型研究型院校规定，资助申请必不可少，许多大学都希望初级教授能拿到资助为各自的实验室提供资金支持。

参加各种会议论坛、研讨，在其他主要研究型大学进行演讲，也是你研究能力的证明。无论直接参会发表观点，还是参与这些活动后提高了所写文章的引用率，对终身教职的评审都很重要。所有这些都需要时间，许多女学者不选择研究型大学是因为她们认为自己无法在养育子女的同时，还能在本领域发表申请终身教职所需的论文数量。在研究型大学中，因为缺乏研究成果而无法获得终身教职的情况比比皆是。

刚毕业的年轻博士们应该意识到的另一个现实是，许多顶尖院校在终身教职的评审时，都有所谓的“旋转门”政策。在哈佛、耶鲁、普林斯顿、哥伦比亚等大学，一名年轻教授几乎不可能获得终身教职。这类机构的助理教授往往是

获得续聘的博士后。好消息是，即使你无法在顶级研究型大学获得终身教职，通常也可以在排名相对靠后的研究型大学获得终身教职。当然，这意味着这些顶级院校中的大多数年轻助理教授要面临举家搬迁，要面对同事们的否定，还意味着在获得终身教职之前需要不断进入就业市场，以希冀在其他研究型大学中找到职位。这些都是在 I 类研究型大学就职的现实。你应该清楚地了解你面临的挑战。

然而，尽管研究型大学对终身教职的要求很高，但在有博士学位授予点的机构工作有许多好处。首先，这些机构的学术地位显赫，能给学者个人带来最耀眼的光环。如果这对你很重要，就要坦诚接受这一点。如果你想在耶鲁大学这样的院校工作，去其他任何机构都会让你痛苦，因为你总是难以避免地将自己的机构与常春藤联盟对比。在研究型大学工作的另一个优势是，与真正优秀的研究生和优秀的同事一起工作，能让你精神振奋，可以推动你的研究朝着激动人心的
92 新方向发展。身处一个活跃的智识群体，你可以随时接触优秀的客座教授、参与研讨会和各种会议论坛。你将会处在本研究领域的知识前沿。事实上，对许多在实验室工作的科学家来说，大型研究型大学可能是最佳选择，特别是如果需要研究生帮助你做实验的话。许多顶级院校有着充足的内部资金专门用于支持初级教授的研究。最后，这些机构拥有丰富的图书馆资源，如果你从事理科研究，它们还可以为你提供设备最精密的实验室。

这些院校通常规模庞大，它们往往会为家有幼儿的教师和研究生提供更多的支持。许多研究型大学都有校内日托中心，甚至可能附设中小学。由于研究型大学近年来因拒绝为家有幼儿的女性提供终身教职等一系列对家庭不友好的表现而受到猛烈抨击，资金状况较好的研究型大学最近迈出了重要的一步，努力使家有幼儿的教授和没有幼儿的教授处于一个较为平等的竞争环境。例如，哈佛大学和芝加哥大学现在给每个刚成为妈妈和爸爸的教授一年时间，允许其延评终身教职。哈佛大学还设立了一个紧急托育基金（emergency child care），为初级教授提供特殊支持，便于他们安排好子女后，去参加各种专业性会议。[7] 然而，即便这些新政策已经出台，还是不足以为这些机构的初级教授提供完成论文发表指标所需的时间和经费。

在对不同类型机构的工作满意度和工作/家庭平衡研究中，温德尔和沃德发现，研究型大学中有子女的女性学者普遍对自己的工作感到满意。[8] 一些刚做妈妈的女性认为，虽然获得终身教职需要付出特别的努力，需要牺牲个人生活，但她们仍然觉得自己有机会，而且总体上对所在的机构表示满意。温德尔和沃德认为，这是因为研究型大学终身教职的评定标准更加明确。[9] 毫无疑问，初级教授知道，最重要的任务是研究，最有价值的工作是论文发表，保持稳定的研究和写作速度是学术成功的关键。正如我们在下文中将会看到的， 93
排名较低的机构中的女性学者——我们可能认为她们会有更

大的工作弹性，因而不会有太大的发表压力——往往对其获得终身教职的前景感到不确定，因为她们所在机构设定的终身教职标准更加不透明，或者一直在变动。

玛丽·安·梅森发现，有孩子的博士生在寻求工作时，比其他人更有可能避开研究型大学。她们之所以决定申请其他类型的院校，是因为渴望工作与家庭的平衡。[10] 尽管研究型大学“不发表，就出局”的氛围并不适合所有人，但我们并不认为研究型大学一定没有其他类型的机构对家庭友好。而且你有可能在职业生涯后期调到研究型大学（只要你持续发表，参加专业协会组织的会议，在全国其他机构的本领域学者面前发言、作讲座、宣读论文，在本领域保持与时俱进）。那里的研究标准当然很高，但其他压力相应也会有所减轻。温德尔和沃德称，总体而言，“研究型大学里有教授妈妈们认为，她们能够应对将母亲身份与学术工作结合起来的挑战，但需要强大的内心和韧劲才能做到这一点”。[11]

## 综合性大学

综合性大学是授予 50 个以上硕士学位但授予博士学位低于 20 个的机构。这些机构有时被称为 II 类和 III 类研究型机构，但卡耐基分类系统里不再使用这些术语。温德尔和沃德将这些大学分为两种类型：区域综合性大学（regional comprehensives）和成长型综合性大学（striving comprehensives）。

有许多机构属于此类，我们在本书中对其特征的概括是广义上的。最好的办法是去研究你递交求职申请的机构或你已经拿到工作邀约的机构，看看它们属于哪种类型。区域综合性大学是指力图全面覆盖各个学科的大学，主要招收附近区域的本科生，没有精英院校的入学要求那么高。这些院校的教学工作比 I 类研究型大学多，每学期高达 3 到 4 门课程（尽管可能同一门课程被分为不同部分，由不同教授来上其中某 94
一部分）。在加利福尼亚州，加州大学系统下的大部分大学属于 I 类研究型大学，而加州州立大学是一所区域综合性大学。

成长型综合性大学是期望加入 I 类研究型大学行列的区域综合性大学。可以把它们称为“想成为 I 类研究型的大学”。在这些院校，终身教职的评定标准可能非常不明确，行政部门可能会要求初级教授在教学和研究方面都脱颖而出，还要抽出大量时间，完成相当多的大学服务。温德尔和沃德发现，这些大学中，有子女的女性满意度最低，因为她们觉得终身教职标准在不断变化，她们不知道需要完成哪些工作才能取得学术成功。此外，尽管这些机构需要教授们有更多的研究成果，发表更多文章，却没有足够的资金用于支持研究或出差参会，从而无法满足提高学术产出的需求。这些机构会向教授施加压力，要求他/她们拿到研究资助和外部拨款，同时安排了大量教学和服务工作。温德尔和沃德发现，“缺乏 I 类研究型大学‘不发表，就出局’的研究氛围，加之此类院校中的高级教授发表论文数量有限，导致他们在设定评职科研标准时可能不够实际”。[12]

大多数区域综合性大学的研究成果要求远低于I类研究型大学或成长型综合性大学。克里斯汀的一位工作伙伴在加州州立大学的一个校区任教，她的终身教职学术要求包括为两部著作撰写章节，并且发表两本书评。太平洋西北地区一所州立大学的另一同事申请终身教职时，提供的科研成果是两本书中的两章和一些专业协会会议上的演讲发言。在区域综合性大学，教学评价和是否对学生有帮助更为重要，终身教职标准相对明确、直接：做一名好老师，当一名校园好公民。因此，温德尔和沃德指出，在这些大学里有子女的女性对自己的工作相对满意，对自己的终身教职前景也相对乐观。根据我们的非正式访谈结果，在区域综合性大学工作的同事们普遍感到满意，但她们也担心，如果没有时间发表论
95 文或继续研究，孩子长大后，她们可能无法进入更有声望的院校工作。

实际生活中很难区分区域综合性大学和成长型综合性大学。当系主任或院长告诉你对你的研究期待时，一定要仔细听。留心那些“想成为I类研究型”的大学。它们没有I类研究型大学的资源，教学工作量更大，但它们的评职指标却最看重研究成果。这些地方可能有着最高的工作要求。一位在此类院校工作的同事被明确告知，如果她在申请终身教职前生孩子，将无法获得终身教职。瑞秋建议她另找一份工

作，但她丈夫的工作也在当地，所以她选择留了下来。在“经济学女性”的会议上，一位发言者讲述了另一所“想成为I类研究型的大学”中发生的几乎相同的故事，不同的是这所学校可能更差，属于“想成为II类研究型的大学”。

吊诡的是，许多女性求职时，会选择综合性大学而不是研究型大学，因为她们认为获得在综合性大学终身教职的评审标准相对较低，更便于将工作与家庭责任结合起来。但是温德尔和沃德的研究却表明，在研究型大学工作的女性认为她们获得终身教职的机会更高，比在成长型综合性大学工作的女性压力更小。当你在就业市场开始找工作，考虑去哪种类型的院校时，千万要做好功课，确定哪些区域综合性大学属于成长型的综合性大学。争取机会去参加校园面试，当面询问具体的科研要求，否则很难判断。也可以打电话多方询问，和你的导师谈谈，和前一年在就业市场找工作的其他博士生聊聊，或者只是研究一下该大学的网站，看看它是否更加强调科研发表。如果真是这样，请慎之又慎。如果此类大学给你发了工作邀约，确保你尽自己最大的努力去明确获得终身教职需要达到什么样的科研水平，完成什么科研任务。

成长型综合性大学当然也并非一无是处。它的一个优势是促使你有不断发表论文的动力。孩子还小的时候，你可能想在一所综合性大学工作，但是孩子大一些后，你可能会希望职业生涯有所发展，能进入研究型大学去工作。这只有在
你继续积极做研究、在所属领域有一番成就的情况下才可能 96

实现。所以一所成长型的综合性大学可能会帮你实现这一点，它们希望培育出优秀学者，赢得社会的肯定。相比在一所区域综合性大学、完全专注于教学的生活，在成长型综合性大学工作的一个优势是，你的未来可能还有进一步上升的空间。在此类机构，将履行母职与学术研究结合起来可能比较困难，但长期来看，也可能有一定的好处。

考虑到这一类学校为数繁多，向一个你从未听说过的学校递交求职申请前，一定要做调查。重要的是，不仅要了解它们对终身教职的评定要求（即你的教学量、你需要提供的服务量、你与本科生的互动程度、你在课外与学生的社交时间），而且还要了解在这个机构哪些成果可被认可作为研究成果。同行评议的期刊文章够了吗？书评算吗？显然，寻找这些信息的最便捷的地方是互联网，但你也可以在接受校园面试之前，尝试联系学校的内部人士（确保这些人与招聘委员会无关后再联系）。也建议你去找到近期从这个机构离职去往其他地方工作的人，稍微努力一下就能找到这样一个人，他/她可能会给你提供这所机构的真实独家新闻。询问育儿假政策、终身教职申请流程、校内托育中心，等等，但也要想清楚你自己是什么类型的人，怎样安排教学、研究、服务、与学生的社交互动的时间会让你最满意。这时的注意力不要放在这个院校的学术排名上；在这个节骨眼上，没有什么比找到一份工作更重要。找到一份能让你做你想做（包括组建家庭）的工作！

我们计划请“教授妈妈”们谈谈其所在院校是如何影响了她们关于家庭的决定，并且向希望将学术生活与母亲身份结合起来的年轻学者提些建议。米里亚姆是一所I类研究型大学的副教授，她说，如果你不知如何在不同类型的院校之间做出选择，建议你：

> 提前了解自己的权利和责任，把它们都写下来。你
> 会惊讶地发现，有好多教授完全不知道她们的工作义务
> 和终身教职评定规则，不知道院系对于标准的制定和解
> 释有多么随意……一定要阅读员工手册，了解终身教职
> 评定要求和晋升标准。如果不确定，也要确保你在进入 97
> 终身教职轨道之初，能够拿到有关无薪假期或育儿假规
> 定的纸质材料，而且纸质材料中应该出现“终身教职评
> 定和晋升过程时，不可正式或非正式地要求无薪休假期
> 间也有学术产出”等字样。终身教职的评定没有绝对标
> 准，我们可以举出很多例证说明所谓的绝对标准已经发
> 生了变化。所以要知道“绝对”也有例外，尤其是对于
> 系里的男性同事来说。你会惊讶地发现，不符合“绝
> 对”标准的可太多了。

## 文理学院

还有另一类机构是学士学位学院（baccalaureate college），

即主要授予学士学位的四年制院校。它们通常被称为文理学院（liberal arts colleges），但并非所有文理学院都一样。正如属于综合性大学的院校数量众多，也有多种机构属于文理学院。有必要区分一流文理学院和规模较小、知名度较低的学院。它们之间的主要区别在于可获得的资源。另一个区别是录取政策。这两者高度相关。霍华德·格林（Howard Greene）和马修·格林（Matthew Greene）在2000年出版的《隐蔽的藤校》[13]（*The Hidden Ivies*）一书中，列出了他们认为的“小常春藤”：阿姆赫斯特学院、威廉姆斯学院、斯沃斯莫尔学院、鲍登学院、贝茨学院、科尔比学院、哈姆·伊尔顿学院、米德尔伯里学院和卫斯理公会学院。此外，再加上奥伯林学院、里德学院、哈弗福德学院、韦尔斯利学院、史密斯学院、卡尔顿学院、三一学院、波莫纳学院等学院，它们都是顶级的文理学院。顶级的文理学院对家庭更加友好，因为它们是寄宿制的院校，有时会以注重家庭氛围为荣。教学工作量相对较轻，一个学期2到3门课程，只比你在I类研究型大学的工作量多一点。不同于其他规模更大的大学，你主要教本科生，小规模学院希望你能加强与本科生的联系。然而，许多顶级文理学院的研究标准与研究型大学一样严苛，至少在期刊或出版社的类型和级别方面如此。发表的绝对数量可能略少，但这取决于你的学科。此外，在顶级文理学
98 院，尤其是在自然科学领域，获得研究资助和外部拨款也很重要。

丹尼尔·塔布（Daniel Taub）在《高等教育纪事》上发表的一篇文章中，比较了文理学院和其他大学的教师发表情况。他使用的数据来自“2003—2004 年度全国高校教师研究”（*National Study of Postsecondary Faculty*）对全美 3.5 万名教授的调研。他比较了两类成果：经外审专家评审的成果（refereed works）和总体学术成果（total scholarly works）。塔布发现，文理学院的论文发表总量虽少于研究型大学，但有趣的是，有些学科的研究成果数量与研究型大学同行的研究成果数量相当（尽管文理学院的教学要求更高）。“文理学院的历史学者人均发表的经外审专家评审的期刊文章数量，是有博士学位授予点大学的 71%，总体学术成果是有博士学位授予点大学的 95%。政治学、传播学、英语、文学、哲学、宗教以及纯艺术的教师发表的总体学术文章，也达到了有博士学位授予点大学的 70%。”[14] 另一方面，文理学院其他学科的产出要低得多：“商科、外语、生物学、物理学和计算机科学的两类学术成果发表均不到有博士学位授予点大学的 30%。”当然，这项研究有一个问题：它只关注了数量，而没有比较质量，但可以肯定的是，在需要较少发表就能获得终身教职和晋升的院校，论文发表数量确实相对较少。这项数据还有另一个问题，那就是它没有将一流文理学院与其他机构分开讨论。

如果你在文理学院工作，你需要成为一名出色的教师，而且没有研究生来帮助你引导课堂讨论或批改论文与试卷。

最重要的是，由于这些学院的校园规模非常小，分担工作责任的教师会很少，但要完成的服务却可能很多，而且与研究型大学的服务不同的是，在大多数文理学院，教师需要常常会见大一的学生，就学术课程项目或未来的专业选择向他们提供建议。在规模较大的院校，则通常由专职工作人员而不
99 是教授提供此类建议。文理学院通常会鼓励教师与本科生多多互动，建立比较密切的师生关系。例如，鲍登学院会向学生发送电子邮件，鼓励大一和大二的学生与他们的论文指导老师共进午餐。个别教师如果需要给 10 个学生提出选择专业的建议，他们就可能收到来自 10 个不同学生的午餐邀请。几周后，负责学生事务的院长可能又会向所有学生群发电子邮件，鼓励学生邀请教授出去吃午餐。如果一个教授要指导多达 85 名的学生，在任何一个学期里都不可能吃那么多午餐。（幸运的是，我们的学生大多都会忽略这些电子邮件，但这些电子邮件至少说明此类机构或多或少会对教授有这样的期望。）

与本科生加强联系，对一些教授而言不乏乐趣，但也会消耗大量时间。更糟糕的是，学生们在这方面的期望值存在性别差异。相比上了年纪的男教授，求知若渴的本科生更愿意邀请年轻的女教师共进午餐，而她们也是最有可能有小孩的群体。学生们更期待得到来自女教授而非男教授的指导和关注。这也可能导致一些不公平的教学评价：对于态度冷漠的男教授，学生们可能评价是“他沉浸在自己的研究领域

中”，而对女教授的评价可能就是“她一点儿也不平易近人”。学生们的这种认知差异在任何地方都有，但是在文理学院，学生的意见对于晋升和终身教职评定更为重要，学生们需要教师的时间投入也更多。在排名较低的文理学院，这些因素对教授们的影响会更显著，我们将在下文讨论。

朱丽叶是一位有四个孩子的历史学副教授，她一直在一所顶级文理学院工作，非常清楚在一所规模较小的院校里工作的利弊。

> 我的学院规模很小，但在当地有口皆碑，这对我很
> 有帮助。这所学院对于家庭也相当友好——例如，
> 5：00或5：15结束会议去接孩子完全没有问题——相
> 比12年前我刚来这里的时候，有了很大进步。学院竭
> 尽全力提供了一个优秀的托育中心，我四个孩子里，有 100
> 三个都是从2岁就一直送到这家托育中心，直到他/她
> 们上幼儿园，真的很便利。除了高质量托育带来的显而
> 易见的好处，我还在这个托育中心里结识了许多家长。
> 消极的一面是，学院对于教学的要求很高。虽然我很喜
> 欢和学生们在一起工作（我真的很喜欢），但有时我觉
> 得他们从我这得到的关注比我给自己孩子的还要多。这
> 种感觉越来越强烈，因为电子邮件这样的新技术增加了
> 学生对于联系教师的期望值。

海伦在一所文理学院教授自然科学，她发现这里能够平衡做母亲和做研究这两件事，但在一些更加强调教学效果的地方，情况会更加复杂：

> 我很早的时候就已经决定选择一所小型文理学院，而不是一所大规模的大学。在大规模院校工作的朋友们的压力值似乎超出了我的想象（她们中许多人没有孩子或者刚开始的时候没有孩子）。虽然我很忙，但我觉得文理学院的评价指标更为灵活，在我力所能及范围内。我的工作并不要求我一定要从美国国立卫生研究院（NIH）获得巨额资助。能否获得研究资助取决于扎实的研究计划和丰硕的研究成果前景，如果还要兼顾教学，当然会增加难度，但这并非不可能实现。

尽管对研究和发表的要求较高，资金状况良好的文理学院也有好处，它们有充足的资金来支持教师做研究，有足够的工作弹性，允许初级教授暂停教学任务，全力投入研究工作。克里斯汀的几位同事及克里斯汀本人，在获得外部研究资助后，有两年的假期来做学术研究，在此期间不必从事教学工作。瑞秋有一年半的假期。在文理学院工作的另一个优势是，此类机构通常愿意雇用他们**想要聘为**终身教授的人，你所在院系的高级教授往往愿意帮助你实现这一目标（如果他们喜欢你）。在这样一个机构，终身教职并不是一场零和博弈游戏，只会让其他初级教授成为你的盟友，而不是你的竞争对手。也许在考虑去文理学院工作时，一个常常被忽视的最重要的因素是，你不必承担指导研究生的工作。一方面，优秀的研究生对自己的学术前景往往抱有很大的期待，他们需要你给予很多指导和帮助，而不仅仅是共进几顿友好 101
的午餐。此外，如果你带研究生，不仅要为他们的论文提供修改建议，还有责任给他们写推荐信，帮助他们找工作，这是一项耗时的任务，有时也会令人沮丧。在比较不同类型的机构时，你应该权衡这些利弊。

顶级文理学院之下，是其余的所有四年制学院，这些学院都以教学为主，需要投入大量的时间完成各项服务，而且必须“手把手”地带教本科生。2008 年，克里斯汀曾在《高等教育纪事》发表文章，赞扬顶级文理学院的优势：初级教授可以在文理学院获得大量支持，可以在这里开展富有成效的研究工作。[15] 随后，一封封电子邮件接踵而至，大部分来自博士研究生，感谢她将在文理学院从事研究工作的可能性广而告之。尽管克里斯汀在文章中明确表示，她称赞的是顶级文理学院，但她还是收到了几封来自知名度较低的文理学院同行的电子邮件，抱怨其所在的学院根本不利于研究或专业发展。一位老师写道：

> 我在田纳西州一所规模很小、资金匮乏的文理学院任教，我可以告诉你，大多数情况下的刻板印象都是真

> 实的。如果没有充足的资金保障，教学负担会非常沉重。各种委员会的数量成倍增加。文本工作的繁重程度令那些在较大规模院校工作的人难以想象。我签了 12 个月的合同，每年教授 10 门课程，没有任何关于学术休假的协议。单就文理学院而言，我的负担也算特别重的，但现在普遍是 3-3 到 4-4 的教学工作量。尽管如此，我仍然积极从事学术研究；对于小型文理学院的教师而言，这种情况相当罕见。

另一位刚刚接受中西部一所文理学院工作邀约的博士在邮件中说，并不是所有文理学院都像克里斯汀说的那样好。这位青年教师对她的工作环境非常失望：

102 我一月份从［X 学院］那里获得工作邀约，教学工作量是 3-3 模式。我得到了启动资金，这足以让我在这里继续做上几年现有的研究，完成会议论文报告和著作初稿的一个章节。然而，相似之处到此为止。不允许延评终身教职，这里的校园氛围是鼓励你与学生共进晚餐，参加足球比赛，却不真正地鼓励你继续学术研究，它并不完美。如果你仔细看我的简历，你会发现，虽然我没有中止研究，但委员会和校园服务的列表却长得离谱。正因为如此，我的简历上没法再增加新的学术成果。在这里，我失去的不是金钱，而是时间。我们没有足够的时间写作！

如同面对综合性大学一样，你在这里需要吸取的经验教训依旧是：对你递交求职申请的学校做好功课。你对工作环境和工作条件了解得越充分，才能越好地为面试做好准备。

## 副学士学位学院（Associate's College）

此类机构提供的学士学位不超过全部学位的 10%，大部分学生毕业时取得的是两年制的副学士学位。它们通常被称为**社区学院**。这些机构可能在乡间或城市，可以是私立或公立、非营利或营利性质，但它们的共同点在于为更加多样化的学生群体提供服务，许多学生可能已经在从事一份全职工作，同时攻读自己的学位。社区学院的学生可能无法完成一些难度较大的学术工作，在这样的学院教书就像在高中教书。这些院校的许多学生都是第一代大学生，绝大多数来自工薪阶层。

副学士学位学院种类繁多，很难一言以蔽之。然而，一般来说，在这里要获得终身教职，基本上不需要做什么研究（如果有人希望这么选择的话）。如果你在这类机构工作，在很大程度上需要做的就是成为一名教师，一名好教师。因为你的学生群体会给你带来许多独特的挑战，与你在顶级大学或文理学院中面临的挑战截然不同。你在这里需要完成的服

务不会很多，不需要在课外与学生互动联系；事实上，你们
的大多数学生都有工作，甚至可能已经有自己的家庭。他们
103 中有许多是成年人，不像 18 岁到 22 岁的学生那样需要“手
把手”带教。

如果你的工作职责只有教学，那你将会有更多的时间留给自己和家人，特别是如果你不想积极地开展学术工作的话。但别忘了，如果你希望有朝一日离开副学士学位学院，就不能中断学术研究。对许多女性而言，在这类机构任教令人满意，既有个人原因，也有政治原因。学术界中还有什么地方会比社区学院对无数年轻人的生活影响更大？诚然，这是一份艰苦的工作，但它也会带来无可比拟的回报。

温德尔和沃德认为，在这类院校任教的女教师可以很轻松地兼顾工作和家庭。尽管社区学院教授的教学负担要高得多（一学期最多 5 门课程），而且她们还需要在办公时间接待学生，但社区学院的教授说，这里的工作地点和工作时间具有很强的灵活性。她们可以白天在家里完成所有的评分和备课工作，可以下午或傍晚陪伴孩子们，等孩子们上床睡觉后再继续工作。温德尔和沃德指出，许多女性接受社区学院的工作，“因为她们不想在一所更加有声望的研究型大学里面对相应的工作压力”。[16]

## 关于博士后的只言片语

如果你在自然科学领域，拿到博士学位后，很可能需要步入博士后阶段。这需要高度的流动性。事实上，在自然科学领域里博士后职位的激增，可能是较少女性进入终身教职轨道的原因之一；对于那些希望寻觅伴侣、组建家庭的人，或者对于那些已经有了伴侣和家庭的人而言，过于频繁的搬家流动令人无法接受。理科领域的博士后需要做大量实验，这使得刚做母亲的女性在工作地点和时间上，没有很多选择。把孩子带到实验室比带到办公室要困难得多。而且，大多数自然科学领域对博士后的科研要求非常高，想要生孩子
的理科女性必须找到一种保持家庭生活和科研工作相平衡的 104
方法，因为等到获得终身教职后再生孩子，基本没有可能。

近年来，社科人文领域也有越来越多的博士后，虽然它不是必须具备的研究经历。一些博士生面临着进退两难的境地：要么在知名的I类研究型大学做一年博士后，要么在综合性大学或文理学院接受一份可以进入终身教职轨道的工作。如果你决定做博士后，将有更多的时间发表论文，获得更多有助于研究的资源。如果在一所大型研究型大学，你可能有更多的时间写研究资助申请、参加学术会议、与你所在学科领域的人建立联系。但是不要天真地认为博士后岗可以让你进入终身教职的轨道，这样的情况少之又少。事实上，

从你进入大学做博士后的那一刻，就意味着你必须再次进入就业市场。接下来的一年里，你有可能找不到终身教职的工作。许多博士在找到一份能进入终身教职轨道的工作前，很长一段时间内，只能从一所大学的博士后岗跳到另一所大学的博士后岗。这意味着除了在终身教职轨道上的六年时间，你还需要再进行两三年的博士后研究工作。虽然这可能会给你提供更多做研究、发表更多同行评议文章的机会，但要注意，你不要因为进入终身教职轨道前的博士后工作，而不经意地增加了获得终身教职所必须完成的研究成果数量。请记住，如果你选择走博士后这条路，更有可能在 40 岁后才能获得终身教职，这意味着你不能等拿到终身教职后才生第一个孩子。

如果你希望尽可能规避风险，而且非常确定想做一名兼顾研究和家庭的“教授妈妈”，还是应该选择先进入终身教职轨道，哪怕这不是一份好工作。在有工作的时候找另一份工作，也会更加容易。你可能没法迅速地无缝衔接上新的工作。这意味着，你可能无法在研究型大学获得最有声望的职位，但这会给你的家庭增加几分稳定性。做出此类决定时，你必须牢记自己的个人目标，特别是在两种截然不同的机构之间进行抉择时。我们一如既往地建议你，在接受任何职位之前都应该尽可能充分地做背景调查。还有，你应该知足，至少还有得选。

## 文本框 5.1　兼职路线

在最理想的情况下，学界父母们可以在任何一所学院或 105
大学的终身教职轨道上自由选择。在孩子还小的时候，从事兼职教授的工作，等到孩子长大一些，再回归全职工作。鉴于我们中的大多数人同时教授不止一门课程，而且需要大量时间从构思规划到完成一个研究项目，高校没有理由找不到量化切分工作任务的办法，比如可以增设 3/4 全职工作时间、2/3 全职工作时间或 1/2 全职工作时间的兼职岗位。然而，很少有大学能做到这一点。凯伦·康威（Karen Conway）是新罕布什尔大学的终身教授，她降低了自己的教学工作量（工资也相应地减少了）。她的学校采用“八等分”的制度，即她只需要负责 5 个班级、每个班各 1/8 的教学工作。剩下 3/8 的时间用于研究和服务。凯伦一年只教 3 门课，拿 75% 的工资。这让她可以在不上课的时候有完成研究的时间。她发表文章《平衡工作和生活的一种方法》，呼吁女教授们提出可供讨论的改革方案。[1] 加州大学伯克利分校和麻省理工学院都在谈论这一话题，但能否成功实现就业结构的根本性改变，仍有待观察。许多希望减少工作时间的学术界母亲最终选择了非终身教职轨道的兼职岗位，即梅森和古尔登所说的所谓“第二梯队岗位”。

凡事有利有弊，选择第二梯队岗位也有好有坏。好处是，这可能是你获得足够时间陪伴孩子成长的唯一途径。而且，如果你非常看重地理位置的稳定性，你可以选择在获得博士学位的同一所大学从事兼职教授的工作。事实证明，留在学术界，即使从事兼任教授的岗位，比比完全非学术性的兼职岗位更有可能让你最终成功获得终身教职。沃尔芬格、
106 梅森和古尔登在一篇题为《留在学术界：学术生活中的性别、家庭构建和其他职业路径》（*Staying in the Game*：*Gender*，*Family Formation and Alternative Trajectories in the Academic Life Course*）的文章中指出，对所有第一个博士后岗不在终身教职轨道上的博士而言，担任兼职教授或从事非教学性学术职位，比从事完全非学术岗位或决定离开博士后劳动力市场，更有可能最终获得终身教职。[2] 这项研究还表明，有子女的已婚女性在所有兼职教授中的占比最高。有 6 岁以下子女的女性比无子女的女性成为兼职教授的可能性高出了 26%，比有年幼子女的男性成为兼职教授的可能性高出了 132%。[3]

劣势则主要体现在经济收入方面。非全日制兼职教授的薪酬远远低于终身教职轨道上的全职岗位，无论从绝对薪酬还是时薪上计算。詹姆斯·蒙克斯（James Monks）指出，兼职教授的薪酬比终身教职轨道上的教授低了 26%。[4] 兼职教授无法享受医疗保险、病假、带薪育儿假等福利。由于工资较低，你可能会去上其他课程，这会让你做研究的时间变得更少。除非你非常确定自己对教学有极其高涨的热情，否则无论进行得多么缓慢，你都要努力“留一只手抓住研究”。

此外，如果你选择担任非终身教职轨道的兼职教授，基

本无法回到终身教职轨道。如果你的最终目标是进入一个声望很高的机构，那么目标实现将尤为困难。（参见第 6 章文本框，关于如何在担任兼职教授时，明智地利用时间，以最大限度地提高未来回归终身教职轨道的可能性。）当家庭需要你的时间减少时（不要试图用增加时间来体现你在家里的重要性），你需要策略性地考虑下一步的计划。这可能意味着寻找一个博士后岗或进行一年的教学工作。尽管如此，沃尔芬格、梅森和古尔登的文章还是非常鼓舞人心，因为它告诉我们，有不少人最后都成功地转回到终身教职轨道。1444
名受访者中有半数以上在从事了 10 年的兼职岗位后，最终 107
进入到终身教职轨道。那些从事非教学性学术职位的人中，有超过 40% 的人过渡到终身教职轨道。

## 其他途径

如本章前文所述，现在已经供大于求，没有足够多的学术工作岗位（尤其是好的岗位）能够吸纳美国和加拿大的所有博士生。在欧洲国家，考虑到当地就业市场雇用博士的最大限度，博士学位的授予已经受到限制，但即便如此，博士数量也在不断上升。[17] 在美国，博士学位已成为一种消费品，人们愿意“买”多少，大学就会“卖”多少。招收更多的博士生既为大学提供了廉价劳动力，也提升了大学教授的地位。

就业市场的饱和意味着一些博士不得不努力在学术界外寻找工作，也许是在中小学（K-12）教育领域。克里斯汀在《高等教育纪事》上发表的文章收到了几份在大学以外工作之人的回复。一个人写道：

> 我百分之百地确定教学是我的使命，但我不太确定是否想继续研究和写作。我同时申请了大学和中学的工作。对我来说，在某个地方当兼职教授的想法远不如在一所好的高中有一个稳定的全职职位那么吸引人。我还要考虑到家庭，未来某个时刻才可能走向终身教职的兼职教授工作具有太大的不确定性，听起来非常糟糕。我获得了［一所Ⅰ类研究型大学］和［另一所Ⅰ类研究型大学］的文学硕士学位和博士学位，身边都是一心只扑在研究上的教授。她们要么婚姻破裂，要么把生孩子之类的事情搁置一旁，直到获得终身教职后才开始考虑婚
> 108 育问题。所有这些都让我怀疑学术界是否真的适合我，但我还没有做好准备放弃学术梦想。

她的看法充分说明，缺乏榜样会对正试图决定是否要在学术界工作的年轻博士生产生负面影响。很遗憾这个博士生以为所有的教授要么以离婚收场，要么“把生孩子之类的事情搁置一旁”。这就是为什么我们需要更多的榜样——在大学环境中，需要有健康家庭和有子女的教授作为榜样，这是

一件非常重要的事情。当然，这不能一蹴而就，难免还会有其他博士生决定在学术界之外寻找工作。

有些著作和网站专门介绍获得博士学位后，能够走哪条职业道路，从事哪些工作（其中最好的一个网站是 Beyond Academy，网址为 www. beyondacademy. com，虽然它的主要目标群体是历史学家）。本书的目标是让你相信，你可以同时成为教授和母亲，因此我们不会在“无法进入终身教职轨道该怎么办的问题”上着墨太多。但我们要提醒你，一旦你接受了一份高中的工作，就不太可能再回归大学的岗位。

有一些学科的应用研究是由咨询公司、政府机构或私营企业完成的，相关成果的发表也会与学术界产生竞争。这些领域的人可以自由出入学术界。例如，瑞秋在美国人口普查局做研究时认识的几个分析员后来都进入了社会学领域。瑞秋的一位朋友从一所顶级文理学院转到一个联邦政府机构，最近又接受了一所I类研究型大学的全职教授岗位。有些领域的科学家可以在工业界和学术界之间自如切换。对于那些研究技能可以应用于商业领域的人来说，通常都是如此。但这在人文学科就要困难得多，除非你是一名有创造力的作家或是精通某门技艺的艺术家。

在我们撰写本书时，人们正在努力地改变学术界，提供更多样、更灵活的工作岗位，出台对家庭更友好的政策，因为现有的学术就业制度确实对有些因家庭原因而不得不离开学术劳动力市场的人不公平。至少目前，上文提到回应克里

109 斯汀文章的那个人可能最终还是放弃了学术梦想，换取了一份在高中教学的稳定工作。

我们非常希望你能找到进入终身教职轨道之路，成为一名终身教授。但你必须清楚所在院校对“职业成功”（professional success）有什么具体要求。我们知道各个院校的终身教职评定标准差异很大，但所有学校都需要你有优秀的研究与教学能力，能完成服务工作。在剩下的章节中，我们会给你一些具体的建议，告诉你如何在取得“职业成功”的同时，还能抽出时间享受有孩子的家庭生活。

# 6

# 征途（一）：学术研究与建立人脉

“我巴不得进医院，至少能休息一阵子。”

“没错，我求之不得。管它是肺炎还是其他什么病，我就想在床上躺几天，一边看电视，一边等护士照顾。”

“肺炎还是太轻了。估计还需要带病工作。就算住院了，孩子们也会来探望。最好是得传染病，这样就能被隔离了。埃博拉病毒就不错。”

“我不太了解埃博拉……这可能会要了你的命呢。”

“埃博拉不会要了我的命，但能让我暂时忘记我是个妈妈，能让我享受几天清闲日子。”

“而且在医院，饮食起居都有人照料。”

“更没人会指指点点。”

“真的吗？这么看，埃博拉也没那么糟糕……”

以上是十几次类似对话的粗略概括，它们常出现在克里 111
斯汀和瑞秋与同系青年教师妈妈们的聊天中。这种特定类型的交流内容被称为“住院幻想”，更令人吃惊的是许多青年教授梦寐以求能遇上一场车祸，这样就可以暂时脱离那些压得他/她们透不过气的各类责任。对于刚当上父母没多久的他/她们而言，滑雪事故、轻微的大脑损伤和罕见的热带疾病等，都是不错的选择。下次在校园里碰到同事时，如果她
112 关心询问你的近况，可以简单回答说：“我在想如何进医院。”她大概就能明白你的意思了。

瑞秋和克里斯汀都有过此类幻想。她们对人生中那段无路可退的日子记忆犹新。瑞秋曾尝试通过自省来说服自己，无法获得终身教职也没什么了不起，她会时常打开“康奈利的中国菜”*（Connelly's Chinese Cuisine）放松一下。而克里斯汀也会告诉自己“其实不难”，“既是新妈妈，又是新入职的助理教授，虽然任务一大堆，但估计没有那么难搞定”。事到如今，难熬的时光都已逝去，我们也能更客观地做出评判：那段时间糟透了。不论有没有孩子，进入终身教职轨道最初的五六年都是学术生涯中最具挑战的一段时间。如果这个时候有了孩子，无异于雪上加霜。但我们要说的是，黑暗的尽头便是光明。

在接下来的两章里，我们将为你进入终身教职轨道后五六年的关键期提供具体指导。这段时间并非生养第一个孩子的理想阶段，但世事无绝对。时光一去不复回，生育是你人

* 瑞秋在中国访学期间所记录的各类中国菜谱。——译者注

生计划的一部分。换句话说，不论是像克里斯汀一样在博士阶段当上妈妈，还是像瑞秋一样在获得终身教职后再生第一个孩子，你都会发现，带孩子的那几年恰是你力争在学术领域更上一层楼的关键时期。即便你决定等一切稳定下来之后再要孩子，本章的内容也会为那些希望在复杂“学术政治”中披荆斩棘的年轻学者们提供指导。我们还将在后续章节中讨论如何在学术道路上取得成功，如何平衡工作与家庭，以及如何在完成学术研究、社交、教学、大学服务和专业服务等重重责任之余，找到独处的机会和享受天伦之乐的时间。本章重点探讨学术研究和建立人脉。第 7 章将谈到教学、服务和家庭时间的协调。

## 学术研究

关于学术研究，有两件事要清楚：第一，在大部分院校中，无研究不教授。第二，研究成果是你唯一能够与机构抗
衡的资本。不管有多少闲言碎语，不管其他事情给你多大的 113
压力，学术研究始终是头等大事。有一些机构看重任职期间的教学质量，另外一些机构看重服务与合作质量，但研究成果优先于所有其他，在哪儿都一样，而且怎么强调也不为过。当你发现在同一所大学里，有些资深教授几乎没有什么研究成果时也无须惊讶。今时不同往日，获得终身教职的标准早已水涨船高，尽管你会觉得不公平，但这就是事实。就

业市场在最近20年里呈现白热化状态，学术岗位是鲜有的“铁饭碗”。现在的年轻学者们需要付出比之前更多的努力，才能达到机构要求的标准。更重要的是，随着史蒂芬·列维特（Steven Levitt）和弗朗西斯·福山（Francis Fukuyamwa）等学者不断呼吁废除终身教职制度，推动教授职位的彻底商业化，随着所有机构面临的日益严峻的财政压力，一些不稳定的兼职岗位和临时岗位逐渐增加。这一切都意味着工作风险的上升，只要大学对你的学术产出能力有一丝怀疑，就会用财务激励（financial incentives）拒绝你的终身教职申请。

基于原创研究发表高质量文章，是年轻学者急需完成的最重要任务之一，也最让人感到力不从心。你在6个月前寄出的稿件可能在一沓印着咖啡渍的报纸下面，默默等待老教授们的审阅，全然不顾此时的你心急如焚地等待文章录用结果。出版修订好的博士论文对每个人都很重要，但结果如何却常常要看编辑的心情，他们可能也在为大学出版社的工作发愁，薪水不高还不受人尊敬。从另外一方面看，做研究应该是你所钟爱的事业，也是你选择读博的初心，让你感到付出的一切都很值得。为什么众多资深教授已经完成所有晋升任务，却还在不停地发表文章？因为他们乐在其中。这是一种人生乐趣，一种自我满足。做研究能够让他们游历胜景，与有趣的人相识相知。

刚开始发表文章，难免有运气成分。为了解决这种不确定性，我们需要追随靠谱的导师，有了一定的产出之后，一些文章自然会出现在编辑的书桌上，而不是被压在一摞纸牌下面。文章出挑，你也会被编辑和审稿人认识（这样一来，他们可能还会因为审稿时间过长而对你感到抱歉）。要记住，114
仅仅头脑聪明远远不够，建立学术人脉（下个部分会具体展开）十分重要。在自然科学和工程学领域，与实验室伙伴与合作者建立友好的工作关系，对于发表和申请项目经费来说，至关重要。

比拿到学位更难的是处理避之不及的拒信。我们之前提到过，整个发表过程将是对个人自尊心的一次次打击。就算你抗打击能力很强，在进入终身教职轨道之前，面对如此多的“危急关头”，也不免对自己产生怀疑。没有人喜欢被拒绝，然而遭到拒绝却是每个人学术生涯中都必须长期面对，并且无法避免的存在。难怪很多新入职的教师们认为，教学比发表更有成就感。

你的文章常常要经过双盲同行评议（double-blind peer review），即：将拟发表的文章交由其他同行专家审阅，文章不能包含作者的身份信息，会被发送到 2 位或 2 位以上的评审专家，他/她们与作者之间并不知道对方是谁。这样安排有两个原因：第一，能够保证最高质量的作品得到发表，而不用担心教授偏袒自己的学生。第二，防止资历较深的教授“吃老本”，发表质量欠佳的作品。实际上，同行评审机制常被视为年轻学者合理引用专业前辈发表内容的过程，以便被引用的专业前辈知道年轻人写了些什么关于他/她们的内容，也便于提出删改建议。

不论收到多少请你撰写百科条目或书评的邀约，都必须把论文发表、出版著作放在工作的首位，即便同行评审的过程并不完美。百科条目和书评的确都是发表的内容，但它们对获得终身教职和其他职位晋升没有多大帮助。有规则就有例外，下面也会具体提到例外的情形，但无论如何，你都需要战略性地利用时间，第一步便是要将博士论文作为之后一系列发表的基石。

请尽量拒绝参编集刊中的章节，除非你要卖给编辑一个人情，或是其他一些重量级学者也参与了章节撰写。很可惜的是，太多初出茅庐的学者把他们最好的研究成果放在了集刊章节中，却没有投稿到同行评审的期刊。但有一个好的章
115 节可以成为你更加严肃作品的姊妹篇，并可以成为你论文中的描述（descriptive）部分。最重要的是，别忘了对比一下时间成本和集刊邀请能带给你的收益。要注意的是，只为那些你有意阅读的书撰写书评，而且只投给专业领域中的顶级期刊。克里斯汀是一本国际期刊的书评编辑，她常常惊讶于资深专家并不愿意写书评的现象。这样一来，大部分撰写书评的任务就落在那些急于发表的年轻学者身上，而他/他们恰恰不适合这项工作。因为在撰写书评的过程中，他/她们很可能会冒犯专业领域的学术大咖，从而给自己树敌，对之后的职业生涯造成无法挽回的影响。如果真的读到一本烂书，最好的办法就是不写书评，编辑自然就会明白你的意思。撰

写百科条目同样吃力不讨好，所以除非你有其他原因必须帮编辑这个忙，否则最好还是选择婉拒。评审别人的文章和书稿也是一个道理，这些事大可放到获得终身教职之后再处理。但你若深觉能从中学习，评审内容与专业又直接相关，再或是你十分钟情于某本期刊或某家出版社，也不妨一试。

发表的数量固然重要，但发表的质量才是重中之重。在续聘和终身教职申报阶段，外审专家会尤其注意出版你著作的大学出版社或是发表你文章的期刊。你需要有的放矢地投稿，要考虑到优秀期刊的竞争压力大，被拒绝的概率也高。每本期刊的发表周期不同，这也是你投稿前应考虑的条件。一些期刊会发布收到论文的投稿日期和录稿日期，但不是所有期刊都会这样做。可以去咨询学界前辈有关不同期刊的水平，以及预计的发表周期。

如果你的专业是众多人文社会科学中的一种（比如人类学），原创的独撰著作便是申请终身教职的重中之重，虽然一些机构同样认可高质量的期刊论文。谈到专著出版，有三件事尤其值得注意：第一要原创作品；第二要专著；第三要想尽办法找到最好的大学出版社。这事只能靠自己，必须向更广阔的学术世界证明你的才能。为了做到这一点，你需要
一些新颖、有趣的观点，能够为专业、学科领域做出学术贡 116
献。这并不难，同时也让我们乐在其中。人文学科的博士论文不可以合著，你的第一本著作也理应如此。获得终身教职后的前几年也不建议合作著述。

然而在心理学和自然科学方向，共同作者完全没问题，反而应该让自己的名字尽可能多地出现在学术论文里。在自然科学领域的大部分合著中，作者的名字往往根据其贡献大小进行排序，你应该尽量多做一些让自己“名列前茅”。在经济学领域，共同作者的名字根据首字母排序，如果一个学者的开头字母排在另一个学者的后面，她说不准会考虑换个名字。2006 年，利兰·埃纳夫（Liran Einav）和利特·亚里夫（Leeat Yariv）公开发表了一篇名为《姓氏里包含了什么？姓氏首字母对学术成就的影响》（*What's in a Surname? The Effects of Surname Initials on Academic Success*）的论文，其中指出，姓氏首字母靠前的经济学家的职位更高，也更容易在计量经济学会[1]任职。期刊发表十分重要，而让你的文章被引用并将你的名字与一些观点联系在一起更为关键。如果你与另一位作者共同发表文章，你可能更希望通过协商成为第一作者。

如果选择出版专著这条道路，最大的困难莫过于找到可以出版你作品的出版社，此时我们不得不变得“势利”一点。选择默默无闻的出版社意味着你的书可能会无人问津，也不会对个人职业生涯有太大帮助。再说一遍，每个学科都不一样，但是无论哪个学科，都有一大批顶尖大学的出版社等着你。找到这些出版社的方法不少，我们这里介绍其中最简单的三个方法：（1）扫视书架，看看哪个出版社的书你读得最多；（2）参加针对你所在专业举办的全国性会议，关注其中的书籍展览，找到拥有最大展位和最多参观者的出版社；（3）咨询学术界的资深学者，如果他/她们要向出版社投稿，他们会选择哪几家（3—4家）出版社（更多的咨询技巧，详见下文）。收集到信息后马上列个清单，一旦你觉得有了合适的草稿就开始向出版社提交选题。

有许多关于学术发表的优秀著作，尤其是威廉·杰尔马
诺（William Germano）的《获得发表》[2]（*Getting It Published*），117
所以我们就不再对论文发表的细节加以赘述。最要紧的是，越早寄出书稿和文章越好。许多新入职的学者都希望对自己的博士论文做大幅度修改后再接洽合适的出版社，但这并不明智。如果将书稿寄给优质的大学出版社，他们会发回详细的审稿报告，就算出版社最后决定不出版这部作品，这些报告也会对你大有裨益。高质量期刊所提供的审稿意见也是如此。你可以根据这些报告对书稿进行改善，并将修改后的稿件投给下一家出版社。投稿被拒是家常便饭，所以需要给自己留有足够的时间向不同的出版社投稿，直到有出版社愿意接受。你可能会遭到期刊或出版社毫不留情的拒绝和烦不胜烦的建议，这时千万不要深陷其中。除非你认为他们提出的是建设性意见，而且你也认同其整体的修改重点，否则就没有修改的必要。但如果有两家期刊或出版社指出了同样的问题，那么你需要慎重考虑一下。审稿人往往难以取悦，他们总是固执己见，所以作为一名年轻学者，坚定自身信念十分重要。一篇稿件被确定收录后，常常需要经过几个月才能进

入印刷阶段，等到最后发表，一般已经过了一年。申请终身教职的时间紧张，上述发表/出版过程越早开始越好。

在所有自然学科中（包括许多社会科学学科），在成为终身教授之前的准备阶段，你的目标是以第一作者或第二作者的身份发表高质量的期刊论文。如果这篇论文出自你所在的实验室，那么就算你的名字排在最末也无伤大雅，共同作者形式是没问题的。但应当注意的是，要避免与你博士论文评审组的导师（们）长期“捆绑”发表文章。就这一点，丹尼尔·哈默梅什（Daniel Hamermesh）在《一位年长的男性经济学家对年轻女性经济学家的建议》(*An Old Male Economist's Advice to Young Female Economists*) 中这样解释：

> 当读者和终身教职评审看到一名年轻人和一名资深经济学家作为共同作者出版著作，而且后者还是前者的论文导师，他们往往认为两位作者之间“有猫腻”，两人的成果也不会有任何关于研究核心的创新。更遗憾的是，当前者为女性后者为男性时，人们就会更加坚信“有猫腻”。在申请终身教职之前成为独立的研究者十分重要，这意味着年轻学者需要放弃依赖论文导师的想法和共同作者形式。当然，在同等条件下女性需要更独立。[3]

无论是独立写作还是合作，都需要努力在享有盛誉的期

刊上发表文章。这里可以参考汤姆森的期刊引文报告 118
(*Thompson's Journal Citation Reports*) 或其他排名指数，找到本专业领域的优秀期刊，比如 Scimago（www. scimagoir. com）或 Eigenfactor（www. eigentactor. org）。在自然科学领域，成为一个资金项目的主要研究人员也很重要，这与实验室主管相当。终身教职评审委员看重的是申请人在论文之外的学术潜能，以及有能力独立作出学术贡献的证据。当评审委员会对申请人进行判断时，最好的办法就是去研究那些新晋终身教授的简历，并尽可能地跟他/她们多交流。

你需要经历出版著作、同行评议、申请经费这一系列耗时费力的事情，而孩子的出现会让这一切变得更加困难。克里斯汀和瑞秋各自都曾经历过身边带着一个孩子熬过获得终身教职之前的那几年。正如我们所说，从“提高获得终身教职的可能性”角度来看，生孩子最好还是再等一等。但也有很多好的理由告诉我们不要再等，尤其是如果孕育下一代是你的人生目标之一的时候。孩子在身边也能给日常生活带来快乐和意义，让人暂时忘却发表文章和教学任务的压力。如果你能够做好时间管理，那么在成为终身教授之前生养一个孩子完全没问题。

什么是“做好时间管理”？这就好像节食一样，道理你都懂，但是做不做得到就是另一码事了。你需要知道自己在哪个时间段最高产，并找到这个时间段的最佳利用方式。对于瑞秋而言，早晨是最佳的学术产出时间（但也不会太早），或者只要能在一段较长的时间里不被打扰，她就能有所产出。克里斯汀做研究的最佳时间则是在午夜时分。在获得终身教职期间，克里斯汀一直是单身母亲的状态，除了放假很少有时间专心学术。克里斯汀有时会选择在凌晨 2 点到 5 点之间进行写作，那时房子里最为安静，女儿已经熟睡，她不会分心。她会在白天小憩，或是在晚上八点早早上床陪女儿睡一会儿（这时没有伴侣就会更加轻松）。关键之处在于，她会在大脑最活跃的时间去完成需要高度集中精力的工作。

克里斯汀还有另一个技巧——列主题句大纲。当文章的灵感闪现，她就会坐下列一个具体的大纲，包括每一个段落
119 的主题句。随后，她会利用一天当中琐碎的时间进行段落写作，不管是在课间还是公交车上，抑或是女儿收拾好书包上学前的 20 分钟，都可为之所用。以这种方式写成的初稿通常乱七八糟，但却为之后的“精修细作”开了头。如果你身边有孩子需要照料，能利用的时间少之又少，那么克里斯汀的方法值得借鉴。本书有很大一部分内容来自对女学者的访谈，难怪一名受访者索尼娅认为，母亲才是时间管理的强者。她们可以利用的时间很少，却总能在有限时间里将事情做到最好。

当你找到了适合自己的高产时间，一定要把它用来做研究，而不是花这个时间给孩子的足球队打电话、和学生见面、预约时间去看医生或预约有线电视修理工上门服务。你可能没办法保证周一到周五“朝九晚五”花 30 个小时在科

研上，但每周至少应该留出时间用来做研究。就算就职于一些规模不大的文理学院，面对较高的教学要求，也应该每周挤出时间来做研究。瑞秋和克里斯汀的一位同事就是这样，她会专门空出周五一天，全身心投入学术研究，并逐渐形成这个习惯。这也意味着她会调整教学和会议的计划，以确保周五不会受人打扰。不论需要做什么事情，都必须确保学术研究的时间神圣不可侵犯。

邮件收发也值得警惕。邮件已经成为现代生活的一部分，但它也在不知不觉中偷走了我们大量的时间。如果你想要提高生产力，在教学和家庭方面投入更多时间，那么其中一个方法就是减少写邮件和回复邮件的时间。很多人都没有意识到，他们每天花在邮件上的时间多达 2 个小时。这是个很严重的问题，因为我们一醒来就想打开邮件，而此时大脑正处在最适合做研究的时候。行政杂务通过邮件倾泻而来，然而我们完全能够选择在大脑疲劳或处于半关机状态的时候处理这些。（如果面对的是很重要的邮件，就尽量不要在疲劳的时候回复，深思熟虑后等到第二天再回复也不迟。）

邮件十分令人分心。如果不是新邮件接收提醒的打扰，
你能够一天埋头写作。大部分情况下，邮箱里收到的都是垃 120
圾邮件。在这个手机无处不在的时代，要你关闭手机电源确实有点强人所难，但有些时候却值得这么做。一旦你获得终身教职，每天看 5 个小时邮件也没关系。在这之前，规定自己每天只查看一两次邮件，也要养成过几个小时再回复邮件

的习惯。要用实际行动告诉你的学生和同事们：你并非一直有空。最后，记得使用邮件程序中的自动回复消息功能，这样你能享受几天不被邮件打扰的生活。很多教授会在旅行的时候采用自动回复。当然，如果你想在几天里心无旁骛地写作，或是有个完整的周末，都可以使用这个功能。

除了邮件，你还需要知道自己做了哪些浪费时间的事情，并加以控制。互联网冲浪和网上购物排在首位，尤其是对于忙得焦头烂额的妈妈们。她们总是在刷新闻，或是打算从网店上买一些“不易损坏”的好东西，就算是坐在课桌前吃着三明治，她们也在浏览 Zappos. com 上的新式雨靴。网上冲浪通常就是拖延时间的一种方式，或许通过网络，你能找到一家没有网络的咖啡店，从而避免工作时候的网络诱惑。尽管如此，也必须控制上网时间。如果你在家办公，那么打扫房间和清洗衣物的冲动也会是干扰因素。无论你在哪儿办公，都需要做到自律。玛丽莲·吉格尔（Maryellen Giger）是芝加哥大学的一名放射学教授，同时也是四个孩子的母亲。她给出的建议是我们需要为自己的生活设置一个精准的“开关”，工作的时候就要“关掉”家庭生活的开关，反之亦然。“你必须知道这一刻自己该干什么，才能专心致志。”[4]

此外，你要尽力给自己设定时限，可以和另一位同事共同给彼此设定截止日期。把接下来几周需要完成的任务写进记事本里，或是设置闹铃提醒自己每天需要完成的任务，比如，提交参会论文十分重要，值得专门设定一个时限。教学工作、行政工作和家庭责任总是突如其来，压得人喘不过气，这很容易让人把研究计划抛诸脑后。申报终身教职的时间不断流逝，你必须强迫自己按照设定的日期，完成各项研究任务。请对一些琐事说“不”，这些事看起来简单，最终却能堆积如山，蚕食掉所有科研时间。

### 文本框 6.1 兼职教授的存活贴士

很多在读博士生不得不把目光投向兼职教授岗位，毕竟 121
获得终身教职机会有限，竞争又十分激烈。与其他职位招聘不同，学术界的招聘时间集中在秋季，主要招聘进入终身教职轨道的助理教授和博士后。如果你没能幸运地在 2 月末、3 月初找到工作，就只能点开人文社科学术协会（H-NET）的网站、高等教育观察网（*Inside Higher Edu.*），或是等待《高等教育纪事》专业职位广告刊登出来，在其中寻找“客座助理教授”和“讲师”等职位。尽管这些工作的报酬和回报不高，但或许这就是你在下一次就业浪潮来临之前的最佳去处。

已经有很多文章讨论了美国大学中的这场“无声的革命”，临时性教授岗位的数量自 20 世纪 60 年代以来急剧扩大。1960 年时，75%的教师是进入终身教职轨道的全职人员，或是全职终身教授。截至 2009 年，这个比例下降到 27%，终身教职岗位少了一半以上。这背后的经济原因显而易见，兼职教授比全职教授工资低，而且出于各种原因，大学或其他类型的院校也愿意短期聘请一些兼职教授。全职教授可以学术休假，请育儿假和病假，在获得资助之后不必再被教学课程所累，或是在任职机构能够组织进入终身教职轨道聘任之前，悄悄去其他机构寻求工作机会。有些课程是资深教授根本不愿意教的，比如大型调研、专业入门课程介绍*（introductory “101” courses）或是基础语言指导类课程。无论出于何种原因，这就需要兼职教授在全职教授享受多项特权的时候暂时“顶上去”，如今兼职教授（和博士研究生助教）已然成为美国大学系统的中坚力量。

122 尽管还在进行论文写作，但克里斯汀同时在加州大学伯克利分校和旧金山州立大学担任兼职教授，以便能够在进入就业市场之前获得一定的教学经验。她在伯克利分校承担一门正规的学期课程和一门暑期课程，并在旧金山州立大学负责一个学期的学术课程。虽然承担三门课程，她所获得的薪酬却少得可怜。但不得不承认，她成为助理教授需要面对的要求，比承担这三门课程要高得多。除了备课、讲课之外，克里斯汀不需要对学生和所在机构负责，她可以完全根据自己的意愿设计课程。鉴于自己怀有身孕，连上两节课会让她感到不堪重负，因此临时教学的工作对她而言是个不二选择。她能够在一周内花几个小时全身心投入教学，然后把剩下的时间都用来在家休息和撰写论文。在《高等教育纪事》

* 在美国课程体系中，一般序号 101 的课程是院系专业体系中的入门级介绍课程。

上有一个颇受欢迎的评论专栏，杰勒德·马蒂（Gerardo Marti）讨论了成为一名兼职教授和助理教授之间的巨大差别，后者的工资更高但工作压力让人难以忍受。[2] 在最近出版的《美国教授》（*The American Faculty*）一书中，马丁·芬克尔斯坦和杰克·修司特提到，在学术领域担任兼职教授的女性，普遍对眼前的工作感到十分满意。据芬克尔斯坦和修司特猜测，可能是因为承担临时性的教研工作能够给予女性更多的弹性时间，方便她们在学术劳动市场打拼的同时照顾年幼的孩子。克里斯汀认为，临时的教学工作要比助理教授的工作轻松得多，只要你的伴侣能够为你提供经济支持。

事实上，光靠每门课的课时费难以维系生活，除非你在众多机构任职或讲授一些网上课程。但如果你的伴侣能够解决经济方面的问题，你也希望能够进入终身教职轨道，并能做到不间断地发表，那么临时性的工作会是一个短期内的优选。很多博士生也将临时工作视为一项长期战略，他们喜欢“休假式”地偶尔穿插工作。这样一来，学术界中始终有他们的身影，却少了终身教授们需承担的服务和研究任务，他们自然乐在其中。芬克尔斯坦和修司特指出，兼职教授对于 123
机构政策制定和课程决策的参与程度，远远低于进入终身教职轨道的同事们。而且，他们承担的专业义务要小很多，省去了诸多撰写书稿、期刊稿件评论、推荐信和报告的工作。这样看来，兼职工作有着切实好处，但从另一方面看，终身教授们不太可能把你当作朋友，因为他们知道你迟早要走。

其中一些人甚至还会讨厌你，因为你拿着微薄的收入却更乐于奉献，他们担心你会对终身教职制度造成破坏。

不论是为了工作或家庭成为一名“临时工”，还是因为在就业市场碰了壁而不得不转向临时性岗位，我们都假设你想要在未来获得一份进入终身教轨的工作，这一章中的大部分建议和第7章的内容会对你有所帮助。除了成为一名优秀的教师之外，你还需要关注成果发表，让你的名字在专业领域内占有一席之地。坚持参加本学科的全国性会议（无论开销有多大）、本单位的教师座谈会或讲座，人们就会对你出现在这些场合见怪不怪了。

不仅如此，你需要在校园里有一定知名度。如果你所在院校刚好出现了一个终身教职的空缺岗位，而你又在校园中“深受欢迎”，那你一定会在“民调”中占上风。更重要的是，如果其他机构有合适的岗位，你就需要寻求现工作机构中的一两位终身教授为你撰写推荐信。很多兼职教授都没有意识到这有多重要。毕竟他们赚得不多，不用操心学校里的事务，也就鲜少花时间和终身教授来往。但当就业机遇再次出现时，兼职教授需要提供推荐信，那些你未来的雇主们会希望从你现在服务的机构口中得知你的教学水平。不难想
124 象，身边数不胜数的终身教授都会抱怨要给一个了解甚少的客座助理教授写推荐信。所以，至少要和雇用你的人建立良好的关系，以便之后能拿到一封令人满意的推荐信。

作为一名兼职教授，你需要做的另一件重要的事，便是

在机构的网址上创建个人学术网页。网上的存在感必不可少。投入时间打造一个学者风格的主页，并确保你将主页地址写在所有专业邮件的署名中。你会希望人们能在谷歌上查到你，最好是能够拥有一个后缀名是 .edu 的官方网址。如果办不到这一点，就要通过其他方法保持稳定的网络出镜率。如果你现在所处的机构不允许你拥有个人网页，完全可以在 Academic. edu 或类似网站上创建一个。

同时，请尽量将所有邮件往来的专业信函打上 .edu 的后缀，尽管为此每年你可能都要更换电子邮件账户。通过 Gmail 或 Yahoo! 账户发送邮件不仅显得不够正式，而且发送的邮件很有可能会被当作垃圾邮件处理。这看上去可能是一件小事，但是当人们面对成堆的申请材料或基金申请进行筛选时，不够“真实”的邮件地址，以及其他类似的细节都会让你丧失良机。

兼职教授可能犯的另一个常见错误是，称他们自己为“独立学者”，因为他们还没有一个永久的从属机构。许多终身教授不免怀疑这些“独立学者”是不是在别处谋求终身教职失败，或是离开学术界很长一段时间后试图重塑他们自己。众多外部拨款和资助申请都要求你有一个所属机构，不论是不是临时的。期刊编辑也会经常将怀疑的目光投向那些没有机构信头的求职信。同样的，即便你有能力组织一场平行论坛向全国性会议提交论文摘要，这似乎也有些怪异，因 125
为会议主办方也会倾向于接受来自专业机构的学者。这太不公平了，尤其是对于停职几年在家带孩子的女性而言，但这就是现实，而你需要尽可能避免使用“独立学者”这样的称呼。只要处理得当，客座助理教授、导师、讲师、学术会员或研究员等都是你更好的名衔。

最后，要记住许多兼职教授最终进入了终身教职轨道，校园里有一些教授可能也担任过客座教授。何不对学校里同事的个人简历来一个详细调查，看看谁在专业履历中包括“客座助理教授”。这些人会是你在校园里的天然盟友，你会从他们身上收获十分宝贵的建议，请努力培养、维护这些关系。如果你真的希望获得终身教职，就不要让自己受风凉话的影响，许多兼职生涯的结局都是皆大欢喜。

我们常常从年轻教授那里听到这样一个问题：如何说“不”？该话题会在下一章的“服务”部分中重点论述，但在这儿也很有必要谈一谈。如果你打算按期完成书稿或文章，就必须拒绝一些发表机会。关于拒绝，这里有两条黄金法则：第一，你必须及时且准确地表明你需要面对的科研任务，而不只是简单地回复你很忙。可以这么说，“这对我来说是一次十分宝贵的机会，但是我需要在 5 月 15 日之前修改论文并返回期刊评审”，或是“谢谢您想到我。我本人十分希望能够贡献自己的一份力量，但现在我急需完成某部书稿撰写，这也是我在两年之内申请终身教职的关键”。第二，推荐两名能够代替你的人，就算这些人的名字都是通过检索得到的。Academia. edu 是一个新兴网站，能够帮助人们更加方便地通过研究主题找到对应的作者，如果你能在礼貌拒绝的同时，推荐一些合适人选，编辑也会对此表示感谢。当然，总有一些发表机会是你需要的，比如一些属于本专业领域的文章和书籍需要评审，它们会对你的学术生涯大有裨
益。但如果不能直接推动你的研究发展，现阶段还是应该更 126
谨慎，果断放弃一些机会。

## 建立人脉：发言、会议、社交媒体，以及厚脸皮式自我推销

尽管这一章理应作为上述“学术研究”部分的内容出现，但是考虑到“人脉”对于学术生涯的重要性，我们索性单独聊一聊。正如第二章讨论的，学术界流传着一个谣言，“只要你足够聪明，有很多好点子，你就能成功。”这句话假得不能再假。不管怎样，学术界市场化和全世界大学中始终存在的“校友关系网”，意味着你的人脉和你的知识同等重要。一项经济学研究发现，稿件评审、录用均与作者的性别无关，反而是作者与期刊编辑及合著者的关系最为关键。

这是学术界鲜为人知的事实，因为你的毕业院校往往只关注传授知识，而不是教你如何进行学术社交。事实上，许多教授深谙此道，但面对即将毕业的学生却闭口不谈。

当你历尽艰难终于发表了一些内容，你能做的最重要事

情之一，是把文章的抽印本或书籍的复印件发给本专业领域的资深学者。一篇文章一经发表，期刊往往都会赠送给作者一份正式发表（期刊排版后）的文章复印件，但现在大部分期刊都只会发一份 pdf 文件给你。可以把这个 pdf 文件通过邮件发送给你的朋友和院系里的其他年轻教授，但若你希望更多的资深学者能读到它（甚至引用你的作品），最好还是打印出来邮寄给对方，并附上一张手写字条："您收到的是我最新发表的文章。在写作过程中，您的研究给了我很大帮助，若能得到您对文章的任何改进建议，我将不胜感激。"

127 如果恰巧这位专家出现在你引用的参考书目中，上述办法将事半功倍。同时，你应该在文章中引用专业领域中的所有前辈，无论他们的研究内容是否与你的研究相关。"引用"是一种表明你了解自己的专业领域和主要研究者的方式。同一位专家可能会经常评审你的文章，频繁程度超乎你的想象。比如，瑞秋对一位在其他机构工作的年轻同事感到头疼，对方和她研究的是同一领域，却鲜少引用甚至贬低过她的研究成果。瑞秋恰巧需要为这位年轻女士的三四篇论文进行评审（这位女士尚未获得终身教职），对方的大学甚至希望瑞秋做她终身教职审核时的外部评审专家。这位年轻女士很幸运，瑞秋是一个大度的人。但不要指望人人都会如此。

另一种提高引用率的方法是及时更新你的主页信息，并经常征询那些已经发表过你文章的期刊，是否可以对自己的文章"自主存档"，也就是在你的网站上发布自己作品的 pdf

版本。一些期刊不允许你将排版好的内容进行发布，但你可以发布原文档，只要注明文章最终将于何时、何处发表就可以。许多网站同样允许上传文中引用内容，这也方便其他学者查找。其中一个网站就是 Academia. edu，这就像是学者们的专属社交平台。其他的网站还有 Getcited. org 和英国的 Citeulike. org 网站，而 ResearchID. org 则主要服务于自然科学领域。这些网站的好处显而易见，它们让你的文章和著作得以出现在庞大的、易于检索的数据库中。不少学者也拥有私人网站，此处的成果介绍应当尽量充实，并且及时更新个人简历以供下载，也可以简短地介绍一下自己的研究旨趣。这样一来，网络引擎就能在其他人搜索特定领域专家的时候推荐你的主页。不得不说，互联网瞬息万变，时刻占据所有学术网站的头版十分困难，但是努力让你呕心沥血完成的作品被更多人看到和阅读总是值得的。这也意味着，你应该多多参加会议、发言并申请项目。

进入终身教职轨道后，申请资助就成了最重要的事情之
一。就算你已经“资金雄厚”，也需要填写申请，因为这是
让资深教授看到你名字的最佳途径。不论你的具体研究是什 128
么（包括人文学科），总有多种多样的研究基金、夏季津贴、
夏季工作坊或是会议差旅费等。拿到资金固然是件好事，哪
怕申请没成功也不要紧，只要清晰、详尽地填写了申请表，
概述了你眼下的研究内容和学术目标，那么就不算无功而
返。项目评审委员会一般由高级教授/学者组成，他们在阅

读年轻人提交的申请时，经常抱有极大兴趣。事实上，许多事务繁重的资深教授或高级学者会答应成为委员会的一员，恰恰是因为他们想要了解专业领域的“前沿成果”。米歇尔·拉蒙特（Michele Lamont）在其所著的《教授的思考方式》（*How Professors Think*）一书中，介绍了项目评审委员会的内部逻辑。[6]

同时，在你资历尚浅的阶段，尽可能多地接受讲座或公开发言的邀请，这至关重要。尽管出行或是照顾孩子本身都会让你焦头烂额，但无论如何，你都要尽可能多地进行公开发言。如果一些人手头资金不足却仍然想要邀请你，可见他/她对你的工作内容感兴趣，你应当深受鼓舞，这无异于极大的认可。在获得终身教职的前后，公开发言是在建立学术研究共同体方面最有效的途径之一。

填写申请表和发言一样重要。原因之一是当你在申报终身教职的过程中，评审委员会将邀请4~22位外审专家评阅你的文章，共同讨论你在专业领域中做出的贡献。这些学者在之前听到你名字的次数越多，就越有可能赞同你的研究成果。但大多数资历尚浅的年轻教授没有意识到的另外一个关键点是：选定外审专家的过程。

如果你深刻理解了合作与致谢部分的“繁文缛节”，就能够做一些事为自己谋福利。一般来说，你需要提交一份外审名单，而评审委员会也会提供一份名单。通常你只有一次否决权，去掉一位对你的研究或观点持有“敌意”的学者或

是你在研究中质疑或贬损过的学者。学术自尊有时十分脆
弱，本应客观的评审专家，可能因为担心会被年轻学者所替
代，而对你的终身教职申报作出不公正的评价。评审委员会 129
也明白这一点，不会让不适合审议的人参与其中。但除此之
外，最终是谁来撰写外部评审意见并非你能决定。

首先，与你有公开正式合作关系的学者会被排除在外审专家名单之外，这意味着和你一起撰写论文和申请资助的人都不会成为你的外审。同样的，如果你曾参与专业领域内某位高级学者主编的论文集，这些学者也不能成为你的评审专家（这又是一个拒绝参与论文集的理由）。所以，就算是充满善意的导师或某位学术明星想要和经验尚浅的你合作，你也要三思而后行，想一想这个合作究竟值不值得。毕竟你们合作之后，他们就有可能被排除在评审名单之外。有些时候，和一位系里的资深教授共同发表会更有价值。在其他情况下，要婉拒一位十分欣赏你（或是你的研究）并希望与你合作的学者，最佳方式便是告诉对方，你希望他/她能成为你的潜在外审。你总是可以解释说，在获得终身教职后很期待与他/她进行合作。大多数资深教授或高级学者，要比那些进入终身教职轨道的学者眼光更长远，他们会理解你的难处，并愿意等你加入终身教授的队伍中。事实上，与所有欣赏你的人合作都是十分糟糕的选择。你或许认为这是件积极的事情，但这同样意味着唯一可能为你撰写外部评审的人，就剩那些最不喜欢你的人。

你还需要注意如何撰写专著和论文的致谢。对于年轻学
者而言，你希望感谢所有在研究和论文写作中帮助过自己的
人（这再自然不过），还要感谢你所在的机构和为你提供资
助的外部机构。但不要感谢太多学校里的资深教授，因为终
身教职的评审专家会仔细阅读你的致谢部分，从而将一些人
从潜在外审名单中删除（这同样也是他们用来为你的文章寻
找评阅人的方法。因此，如果你不想让某个人去评审你的论
文，就在致谢里提到他的名字。反之就要避免在致谢里提到
他/她，而是在参考书目中引用她/他的作品）。大多数情况
130 下，引用要比书面感谢他/她们更合适，你也可以直接打电
话表达感激之情。留给你获得终身教职的时间是极为有限
的，必须在整理好表格寄送评审之前“时刻准备着”。

另一个决定成败的重要因素是你的参会情况。参加会议的开销很大，注册费、专业协会的入会费、差旅费、食宿费以及其他费用都需要考虑进来，但参加会议是在获得终身教职之前，能够用时间和金钱换来的最重要的“投资”。要知道，参会并在大会上宣读论文是你结识学术界同仁的最佳方式。比起认识这些人，更重要的是让他/她们认识你。如果你想要打造一个严肃、靠谱的学者形象以便获得终身教职，拓展人脉和展示自己都必不可少。电子邮件和社交媒体远远不够，你需要和那些掌握你终身教职生杀大权的人来个面对面的接触。你可能不相信，他/她们也想看到你的行动，如果有时间，他/她们还会约你私下见面聊一聊你手头的项目

和未来的计划。这样的见面机会真是求之不得，因为这些人可能同样负责评审你的资助申请、文章、书稿以及终身教职表格。在《高等教育纪事》中萨兰娜·桑顿和帕特·菲尔普斯（Pat Phelps）提到，建立人脉是最有价值的时间投资。[7] 可以主动出击去组织会议的平行论坛（panel），这样你或许还能获得参与项目的机会。坚持每年向全国性专业年会提交选题，一旦被采纳就义无反顾地参加。

建立人脉一点都不简单，尤其当你有了孩子以后。很多较大型（larger）会议都会提供托育服务，如果没有，你可以和其他带着孩子来参会的学者父母通力协作。关于经费支持方面，在提交论文后，你所在的机构通常会有一些旅行经费的支持。如果它们一毛不拔，那么就用自己的信用卡。这是一次对未来的投资，并不是单纯的消费。不必住在举办会议的酒店，这样可以节省下部分住宿费用，但要抓住每一个和学界同仁出去吃饭或是喝上一杯的好机会，尽管有时去的地
方你也不熟悉，有什么关系呢？如果是和一大群人吃晚饭， 131
餐费一般都是平摊的，这也是一笔不小的开支。倘若实在囊中羞涩，可以特别叮嘱服务员，你的那份单计。然后点一些简单的开胃菜，并跟其他人解释说你已经在房间里吃过或是午饭吃得太多了。无论如何，都要见缝插针地进行社交。在此期间数不清的资助会被敲定，你也不想错过这些吧。

除了组织论坛，可以提前约定与院系里的资深教授、期刊编辑和书籍编审喝杯咖啡或吃顿午饭（事实上，所有主要

大学出版社的策划编辑参加会议的目的，就是去见一见有合作可能性的作者，但都是提前数月便预定好的）。如果你对即将投稿的出版社势在必得，也可以联系负责自己专业领域的策划/责任编辑，并邀请他/她在全国会议上喝杯咖啡。如果是论文投稿（比如专业领域内基础研究的文章），就尝试一下与计划投稿期刊的编辑见上一面，聊聊特刊组稿的事或是咨询一下他/她有关期刊论文发表的独到见解。划重点：如果期刊编辑认识你，他/她就有可能把你的文章送去评审，而不是熟视无睹。

有件事需要注意，不要频繁参加小型的区域性学术会议。虽然你的文章在那些地方更容易被接受，这些经历也会列在你的个人简历上，并向你所在院系证明你在专业领域的活跃度，但大型的全国性会议或国际会议能给你带来的人脉和机遇是参加这些小型会议根本无法比拟的。做些功课，了解一下这些小型会议主旨发言人的背景。发个邮件给隔壁机构的资深教授，问问他们打算参加哪些会议。战略性地规划一下离开家去参会这段时间的安排，合理分配资源把可能的人脉机遇价值最大化。

除了与本专业同仁建立联系，与校内人员社交也同样重要，他/她们中一些人最终会评审你的终身教职申请。一些机构更加看重同事评价（collegiality），不同机构文化也对同事评价有着不同的重视程度。如果你身处 I 类研究型大学，只要有足够的发表量，哪怕你其他方面有所欠缺，仍然可能

获得终身教职。但在大部分机构中，即便没有官方说明，同
事评价的重要性也有目共睹。回想一下第 2 章中提到的，路 132
易十四说他不能奖励自己在凡尔赛宫中没有见过的人。也如丹尼尔·哈默梅什所说，“你需要融入那些建立‘纽带’的活动中，这在任何一种工作环境下都十分重要”。[8] 因此，在校园里巧妙地提升存在感，有助于你获得终身教职。“巧妙地提升存在感”意味着你要多在教师会议、座谈会、受邀讲座、一些会议的晚宴或是其他专业活动中露面，减少去体育馆运动或在航行俱乐部“乘风破浪”的时间。如果你能做到在其他人每次看到你的时候都在工作，那就再好不过了，特别是如果你所在的机构更加注重科研而并非教学。有一种例外情况是教师欢迎会或类似的社交活动，你有机会在那里与院系里的资深教授聊聊天，也可以谈谈你的研究。

这种提升存在感的方式，同样适用于社交网络。不过，应该避免在“脸书”之类的平台上进行一切社交，你没办法控制全部的交流内容。任何人都可能在你的“留言墙”上留言，但有些内容你并不希望全世界都看见。爱好各不相同，你喜欢的有趣视频可能会冒犯到其他人。此外，同事们一旦在大学网络平台上看到你，就可能向你发送“好友申请”，难道你打算冒着尴尬的风险拒绝吗？如果你确实是“脸书”的用户，就尽力维护好私人信息，确保除了你发出邀请的好友外没有人能在上面找到你。

校园社交的另一个核心要素就是找到能帮助你的导师，

他/她们能够带你了解所在机构的文化。找导师是件难事，大家都很忙，很多资深教授或高级学者并不情愿花太多时间在年轻人身上，毕竟年轻人可能过几年就离开了。与资深教授或高级学者接触的最佳方式是在私下的教师活动中与他们打个照面，或者邀请他们喝杯咖啡，问问他们早期的学术生涯是怎样的。让话题围绕他们展开，慢慢你就会和他们建立联系。在学术界“三人行必有我师”，但没人为你指定导师，而且你绝不会希望院系里资历深的教授们格外关注你，尽量礼貌并巧妙地寻求指导。必要时你还可以求助于自己的论文
133 导师，但最好在校园里至少找到一位资深教授并与之建立起良好的联系，他/她们深知你所在机构的文化。

不同机构中，教授之间的私下社交内容也大相径庭。在鲍登学院，同事们经常互相邀请到家里做客。学院里的氛围十分活跃，人与人之间往来熟络，这可能是因为鲍登学院所在的不伦瑞克（Brunswick）并非大城市的缘故。当克里斯汀和一大帮同事庆祝 40 岁生日的时候，来自常春藤院校的一位同仁周末碰巧遇上了这场聚会，他对此感到十分陌生与惊讶。也就是说，请务必搞清楚所在机构的运行规则，合理组织社交生活，但切记需小心谨慎。若是你醉酒之后对某位资深教授或高级学者（或许更糟，是你的院长）出言不逊，之后很长一段日子里你都会心神不宁。获得终身教职之前，你永远要保持“准备就绪”的状态。

另一件值得思考的事，便是在你获得终身教职之前到底

该不该与同事们交流关于孩子的话题。大家对于这个问题的看法迥异，机构与机构之间或是系与系之间的差异巨大。但最好保持小心谨慎，直到你获得终身教职。就算身肩为人父母的重任，照顾孩子的日程压得你喘不过气，也没必要把细节告诉同事，也不应该把孩子作为缺席会议、延误交稿和逃避其他责任的理由。如果实在没办法只能错过一些事情，理由讲得越少越好。事实上，当孩子生病的时候，他/她此时最需要的就是妈妈，你必须马不停蹄地重新安排自己的行程，这意味着会错过会议并且取消课程。尽管向别人倒苦水可以得到慰藉，但最好自己消化这类事件。

鉴于你所在机构的实际情况，最好不要在办公室里摆放孩子的照片，也不要把照片作为屏保，直到你成为终身教授。即便你所在的院系是家庭友好型部门，也还是最好把孩子的艺术作品留在家里的冰箱上，而并非把它们挂在办公室的墙上。你会希望同事们把你当作学者，希望学生们把你当作教授，希望校园里的每个人都认为你是一位井井有条、泰然自若的专业人士，配得上被称为终身教授。系里资深的教授们可能会把孩子的照片放在办公室里，而其他同事和学生并不会质疑他们的工作。所以直到获得终身教职之前，形象 134
管理都十分重要。

总而言之，形势一直在变，相当多的大学都在努力帮助教授们从容体面地去平衡工作和生活。很多政策和项目都能够用来帮助身为父母的年轻教授们，校园里也会有人希望招募你做此类工作，共同奋斗。毫无疑问，那些在校园里工作的父母需要向各自所在院校的行政部门施加压力，迫使它们出台并实施更多对家庭友好的政策，但**这不是你获得终身教职前的主要责任**。当你顺利进阶为终身教授的时候，再投身于这一事业也不迟。现在的你，除了学术研究和建立人脉，还有其他重要的事情需要操心：陪伴家人、遵守服务承诺，并成为一个更好的老师。

# 7

# 征途（二）：教学，服务，陪伴家人

## 教学

给教学下定义十分困难，因为不同机构对于教学的期望 135
各有侧重。有一些大学完全不在乎你的教学表现有多好，它们仅根据学术成绩对你进行评价。如果你面对的是这种情况，[1] **教学**这部分的内容可以直接跳过，把注意力集中在**大学服务**那个部分。但对大多数进入终身教职轨道的教师而言，教学会对获得终身教职产生影响，而且有一些机构会将其作为评价的最重要因素。另一个关键变量是教学任务（teaching load），也就是每个学期或季度你需要承担的课程数量。总的来说，教学任务越重，在申请终身教职时对学术成就的要求相对就越低。同理，教学任务越轻，在申请终身教职时就需要提供越多的发表和出版成果。最后一点，教学规模大小、教学助理帮了多少忙以及针对年轻教授的学生评价都存在巨大变数。与评价学术成就不同，外部评审只负责学术评价，而教学水平则由机构内部自主评审，带有明显的机构特色。这就是为什么成为一名优秀的教师是一种可移动性较低的“资产”，并非如人们想象的那样具有竞争力。

绝大多数机构希望你是一名优秀的老师，即便它们并不会因为这个原因就授予你终身教职。除了在从事研究的顶尖学府以外，只要你是位新入职的教师，所花费的教学时间都难以预测，因为行政部门都希望这个数据是模棱两可的。教
136 学责任很容易被放大，进而占据你所有的空闲时间，占用学术研究的时间也不能幸免。备课、与学生见面和批改试卷，听上去都像是马上能完成的任务，然而学术研究要求你有绝对的耐心，因为从事学术研究所能获得的任何形式的喜悦都需要历经漫长的等待。学生在办公室里一刻不停地问你问题，还有些人特别享受在教室里和青年人分享知识。这些都会成为陷阱，把那些搞不清如何分配时间的“青椒”* 们困住，而且他们也不确定教学质量要“好”到什么程度才会被承认。

教学质量往往通过三种方法衡量：学生评价、同事评价和反馈意见（比如，上过你的课之后的学生们所写的信）。另外，大部分终身教职评审委员会会要求你提供教学材料，包括教学大纲、考试和布置的书面作业。所有评审方式都存

---

* 青椒指刚入职的青年教师。——译者注

在弊端，委员会虽会尽量考虑周全，但是他/她们常常会忽视一个白纸黑字的事实：这些教学评价中充满了针对女性的主观偏见。[2] 一项研究表明，相比那些偏“男性”风格的教授，偏“女性”风格的教授会收到更加严厉的教学评价（这意味着传统偏见根深蒂固认为男性整体上比女性做得好，因此偏“男性”风格的女性也会比偏“女性”风格的女性做得更出色）。“教授模样”的老师也会收到更好的评价。[3] 学生们心目中理想的教授形象是一个长着胡子叼着烟斗的老人，穿着一件灯芯绒夹克衫，夹克衫肘部还有一块垫布。这就导致那些和这一形象相去甚远的教授不受学生喜爱，他/她们收到的教学评价也不会太好看。那些年轻的教师妈妈更是深受其害，她们在平衡学术生活和家庭需求的时候本身已经承受了极大的压力，而现在还要被迫面对这种偏见。

对此，我们建议你更加努力地活跃课堂气氛。1973 年的一项研究证实了一种现象，我们称之为“福克斯博士效应”[4]（Dr. Fox Effect）。研究采用对照实验（controlled test）的方法，将不同知识含量的讲稿交给一名真正的教授和一名专业演员，这名专业演员的研究代码就是“福克斯博士”。专业演员没有接受过任何学术训练，对学科内容也一无所知，他要做的就是一字不差地记住讲稿内容。研究发现了一个十分有 137
趣的现象（这个发现后被广泛应用于批判教学评价）：专业演员的讲稿知识含量明显低于教授手里的讲稿，并且那些听教授讲课的学生在考试中发挥得更好。尽管如此，专业演员得到的学生评价还是要高于教授所获评价。在学生评价里，“表现力”（expressiveness）强可以弥补教学质量不高的真相。“表现力”这一特征又包含三个关键元素，分别是手势、音调和教室互动。很明显，比起学识渊博，学生们更喜欢活泼的教授，所以何不尝试变换一下自己的说话语气或是让课程内容变得有趣一点（尤其当你觉得所准备的课堂内容不够好之时）。

除了声乐课外，在上课的时候有人给自己录像，可能会让个人自信心受到暴击。很多学校设有教学中心，专门雇用了辅助教学的工作人员。没有人喜欢看到录像带中的自己，但这确实对提高教学质量大有裨益。此外，你还可以尝试去讲授自己热爱的课程，或是那些教学内容与你研究兴趣密切相关的课程，你会对此兴奋不已。倘若事与愿违，那么就试着去丰富每堂课的教学模块，这不仅能让你省下很多备课的时间，还意味着不用去深究每个部分，在课堂上也会感到轻松些。

最后，切记千万不要按照研究生的标准去教本科生，这是所有新入职的教师都会犯的错误。经常请同事帮忙参谋一下你的教学大纲，比如布置的阅读作业会不会太多了，或是对于作业的要求会不会太高了。如果教学评价会是获得终身教职评审中的一部分，你绝不会想要成为校园里最严苛的教师。有趣的是，就算你是一位给分宽松的老师，收到的好评也并不会因此增加。[5] 恰恰相反，有些学生会觉得你在浪费他们的时间。大部分学生喜欢充满挑战性的课程，但他们同样希望能够感到老师所授课程的目标和要求是合理可行的。通过艰苦卓绝的奋斗，获得成功是最振奋人心的学习经历。你不但需要做好充分的课堂准备而成为一个最好的教授，而且需要充分意识到教学表现的重要性。

有不少为新教授们提供教学建议的佳作，其中最值得一读的是《新教师如何快速入门》[6]（*Quick Hits for New Faculty*），读这类书会有很大的帮助，你的教学技巧也会随之得到提升。你还可以咨询院系里资深的同事们有关教学的建议，毕竟他/她们中大部分人虽然不情愿分享研究策略，倒乐意提供许多教学意见。你还可以浏览教学社群（pedagogy Listserv）网站，比如 Hastac（www. hastac. org），特定列表群邮服务器（specific Listserves），或是你所在专业领域的博客。应该用做学问的态度去研究怎么教学，不同学科的教学方法在很多书中都有提及，所以你至少要读一些这方面的著作。退一万步说，你还能在撰写自我评价的时候引用这些书来佐证自己想成为一名优秀教师的心愿。以良好的教学评价开启自己的教师生涯自然是件好事，但如果你的教学评价在最初的一两年里不够出色也不用觉得就丧失了希望，这反而是展现教学能力稳步提升的机会。在与终身教职评审挂钩的那几年教学生涯中，你肯定希望教学更上一层楼，而不是走下坡路。如果你的教学评价一开始就不错而且能够一直保持，那肯定是件好事，但开局不利也给了你在之后的时间里证明自己能够做得更好的机会。

遗憾的是，教学活动不仅限于讲课，还包括布置作业和批改作业。学术界没有人喜欢批改作业，知道这一点足矣，毕竟你也对此无能为力。有传言说，一位名叫约翰·罗纳德·鲁埃尔·托尔金（J. R. R Tolkien）的英国教授在需要评阅的学生论文背面开始了《霍比特人》(*The Hobbit*) 的创作。在书中，他幻想出一个名为“中土”（Middle Earth）的全新世界，那里使用的是最完美的语言体系，不存在语言失误，就不需要批改，这样该有多好——这充分体现了批改作业恐怕是教学工作中最糟糕的一部分而且毫无回报。

虽然评改作业不讨喜，但是你能通过一些方式缩短批改时间，或是至少减弱自己的不适感。比如花心思布置的课程论文，一定比那些未加设计过的作业更容易批改。校园里的教学中心可能也会帮助你优化论文布置，这样就不必批改所有的作业。通过布置一些低风险*（low stake）的课程论文，帮助学生保持阅读习惯或锻炼他们处理信息的能力。这些低风险作业大体过目即可，或使用“已阅”和其他方式打分。泰拉·麦金尼什（Terra McKinnish）在《进入终身教职轨道期间养育孩子的生存指南》（*A Survival Guide to Having Children While on Tenure Track*）中写道，她使用不打分的课上练习代替

---

* 低风险课程作业是指那些得分并不影响 GPA 或毕业的课程作业，或是不需给分的随堂考试。反之则是高风险（high stake）作业。——译者注

了作业和论文。“我发现这样做不仅替我省下了批改的时间，139
学生们也更容易去消化和接受这一天的学习内容。”[7] 而且，你不必逐字逐句地修改学生的论文。下面我们会就如何减少批改论文时间提一些建议。

这里有一些简便易行的举措，不用花多少时间就能提高学生对你的教学评价。第一，永远不要在进行教学评价当天，发回学生们的作业。如果可以的话，在开始上课之前而不是在一节课快结束的时候分发评价表。有些院校允许教授们自己挑选分发教学评价表的时间，所以也可以随身带着这些教学表格，等那些不喜欢你的学生缺席时再发下去。第二，最好是在晴天，而不是灰蒙蒙的雨天做这事。一些资历深的工作伙伴也对此颇有心得，如果能够得到他/她们的宝贵经验那最好不过。毕竟，他/她们也会在之后对你的教学进行评价。

最后，注意不要对你的学生太过开放包容，从而希望他/她们在你和他/她们打成一片时能给你更好的教学评价。学生们和青年女教师谈论私人问题和学术问题时会更加放松，希望女教师能在他们考砸的时候表现得更加宽容。尽管一名年轻的男教师在听到声泪俱下的故事时可以无动于衷，但如果女教师做出同样的反应学生们会对她们更加不满。因此要划清界限，有些问题他/她们可以问，有些问题不可以。如果学生们向你咨询私人问题，应该立刻建议他们去找咨询中心。丹尼尔·哈默梅什对年轻的女性学者作了以下忠告：

> 许多学生理所当然地认为你就应该抚育他/她们，但你不是他/她们的母亲。他/她们认为你就应该在严格规定的工作时间之外和他/她们见面，就应该没日没夜地解决一个或几个学生的问题，就应该操心他/她们的个人问题。这些工作本来都是由学校的咨询中心负责的，你付出那么多，到头来可能还会对其他学生和自己造成不好的影响。我见过男学生试图霸凌年轻教师，尤其是年轻女教师，他/她们的目的就是威胁老师多给分、延长考试时间或是推迟考试，还会为了成绩和老师胡搅蛮缠。这种微妙的，有时甚至明显的胁迫不应该出现在一所大学里。屈服于这些无理要求通常意味着你的工作压力会变大，而你也在告诉那个学生，他/她可以玩弄
> 140 这个体系。记住一点，你是权威，对那些得寸进尺的学生“狠心”一点，会为自己省下不必要的麻烦。[8]

你同样不想因为讲授基础英语写作技巧等类似课程，而成为闻名全系的那个人。否则身边所有同事都会开始把他/她们手头写作能力不足的学生推给你，同事们才不会管你现在手头还有多少事要干，学生也会开始单独约你见面。克里斯汀就曾犯过类似的错误。她主持过一个小型工作坊，教学生们如何在毕业后开展海外工作和旅行，并在课上提供了很多特殊案例，包括来自不同国家的项目或是其他机会。虽然

这门课只针对一小部分学生开设，但在接下来的几年里，“五花八门”的学生们造访过克里斯汀的办公室，咨询关于如何在海外工作和实习（很多人她之前都没见过）。谨记，获得终身教职之前的准备时间十分珍贵，你必须战略性地分配，毕竟研究、教学和家庭都不是你的唯一责任。

与学生过分亲近的另一个缺点就是，你需要写数不尽的推荐信。虽然这是教授的重要责任，你也应该为那些你很欣赏的学生撰写推荐信。但是你要花很多时间去写一封推荐信，尤其是需要绞尽脑汁地去替一个资质平平的学生美言，则另当别论。我们之前都碰到过这种情况：被要求为某个几乎不认识的“陌生人”写推荐信，然后用了许多溢美之词，希望这封信能够让对方满意。为此你不妨制定一个“铁律”，明确表示只会给那些上过 2 门或 2 门以上你课程的学生写推荐信，如果一些学生私下和你聊过他/她的毕业计划，也可以帮助他/她们。别傻到相信学生们之间不会谈起推荐信这回事。如果校园里开始流传你会为学习能力较弱的学生写推荐信的消息，那么接下来的几年，数不尽的流言蜚语会把你击溃。在鲍登学院，申请医学院的学生们，往往都期待能够获得一封来自非自然科学科领域教授的推荐信。克里斯汀就曾破例帮一位只上过她一门课的学生写了推荐信，原因是这个学生在课上表现很好，而且在克里斯汀的办公时间里向她
请教过几次问题。但当克里斯汀写完这封推荐信后，其他 6 141
名准备申请医学院的学生也突然来请她撰写推荐信，这些学

生也只上过她的一门课，甚至还有的是在两年前。

## 服务

机构与机构之间的服务承诺千差万别，但在学术界有一个真相：服务几乎毫无价值。你会被强行要求参加一两个委员会和系里的会议，这是必须做的。这些服务是你工作的一部分，如果你试图逃避，也许会感受到身边同事的敌意。你必须合理分配参与大学行政事务的时间，但又不过分投入其中。参与服务还可以让你有机会见到本校的高级教授，尤其是在一个不大的校园里，如果你还处在终身教职申请的边缘地带，那么这些人都可能会成为你的同盟。参与服务不会为你带来终身教职，但是一次服务失误就可能影响你的前途，所以服务不可不做，但要合理投入。

重要的是，不要做一位志愿者，不要做除教师委员会或是院长办公室要求你做的工作之外的其他事。通常来说，刚入职的第一年里，你不需要承担服务责任，但也要注意保护自己的权益。刚入职的青年教师总是被呼来喝去，要拒绝院系里的高级教授或管理人员会显得十分困难。应该学会讲这句话："我需要发表成果才能获得终身教职，我实在没办法同时完成学术任务和额外的服务。"如果院系同事向你施压，可以礼貌地列出自己的所有聘期考核任务，并询问是否能够用"新任务"抵消一些考核事项。如果这些都行不通，可以坦诚地询问，完成服务工作是否意味着不用发表文章？没有人会信誓旦旦地给你一个肯定答复。

学校里确实有很多工作要完成，但这不是你做这些事的时候。要是因为成果不充足而无法获得终身教职，你也不会有心思营造一个其乐融融的校园环境，更不用说享受这样的氛围了。纵然拒绝很难，有时还会造成尴尬，但必须尽量把“不”挂在嘴边。拒绝归拒绝，但请务必要做到礼貌得体，比如可以作出承诺在获得终身教职之后，你很愿意参与科研评审委员会、课程评价委员会等等。

### 文本框 7.1　归档申请终身教职的材料

归档申请终身教职的材料，并不是简单地将所有研究成 142
果整理进一个文件夹里，而是形成一份叙述性文件，这份文件能够说明你是谁以及能够胜任终身教授的原因。通过这份文件你能够将向外审和同校的高级学者介绍你自己，并说服他们相信你是一位有思想、成果丰硕的学者，完全有资格成为他/她们学科和机构中的一员。尽管书里有很多建议，但是归档文件的标准在不同学科和不同机构都大相径庭。因此，你可以求教于同院系的资深教授，或是咨询某位刚刚获得终身教职的同事。最重要的是，去了解你所在机构的那些特别规定，以及学术评价的一般标准，并搞清楚获得终身教职需要哪些材料。在大部分学校里，这些标准都被刻意模糊化，需要你尽力去了解那些新晋终身教授在学术方面取得过哪些成绩。这很重要，因为归档材料意味着你对细节的把握。要把所有写过的内容都囊括在材料里吗？要把尚未完成的文稿放进材料里吗？按照时间顺序整理材料，还是根据发表质量进行整理？这些棘手问题的答案主要取决于你所在专业领域的标准。如果你恰好在整理外审材料，这里我们会提供一个大致的框架或至少是一些可供参考的内容。

几乎所有申报材料中都会要求包括自我评价。但评价自己的研究并非易事，因为你不能表现得太过自信，但也不能缺乏自信。这绝对是需要为自己美言的时刻。很可惜，就连“展示自信”都带有性别偏见。男性可以自信地谈论研究内容，没有人会觉得他们傲慢自大。但女性却要努力把握好自
143 信和自贬之间的尺度，否则就很容易被大多数外审专家打上专横和可憎的标签。在职业生涯早期，你还需要考虑使用全名还是姓名的首字母。有传言，“哈利·波特”系列的作者 J. K. 罗琳（J. K. Rowling）就曾被要求使用姓名首字母而非全名写作，这样小男孩就不会对女作家写的书有抵触情绪。在英国体系中，作家常常使用首字母作为笔名，从而避免“暴露”性别。不过若是在美国，读者则更希望作家使用全名，除非作家本人另有打算。一切还要看具体的学科领域，你可能会想到只使用姓名的首字母缩写，但英文中并没有多少中性代词，因此长远来看，你无法向外审隐瞒性别。此外，如果已经你听从了我们有关多去参加会议并发言的建议，外审专家应该早知道你是谁了。

自我评价的关键在于讨论你对学科领域做出的学术贡献，让外审了解你达成了怎样的学术成就。如果你做的是跨学科研究，相当重要的一点是解释为什么会选择某些特定期刊来发表论文，而不是另外一些。有时候你也需要列出文章发表期刊的影响因子，并解释选择出版著作的大学出版社具有哪些合理性，比如你和阿什盖特出版社（Ashgate Press）或西景出版社（Westview Press）合作是因为它们最符合自己的学术研究方向。你应该尽量清楚地说明为什么是和这些出版社合作，而不是一个传统的大学出版社。通过自我评价，就能够解释所做的各种决定，并说明这些学术成就的重要性。无论有多自谦，千万不要在自我评价里低估自己取得的成绩。

撰写自我评价时，最好能拿到同事，特别是机构里的资深教授写过的自我评价，去了解用怎样的语气、内容和长度才合适。青年教师常犯的一个严重错误是忽视自我评价的重要性，盼着快点写完交差了事。在提交自我评价之前，应该让几位朋友和工作伙伴审阅一遍。你肯定不希望里面出现粗 144
心的拼写和语法错误，要力求完美。把重点放在你的成果上，多谈谈正在进行的研究项目，以及未来希望从事的新研究。你不会希望仅仅完成了基于博士论文修改的一本著作，而无其他项目。无论那本书有多棒，评审专家更希望从材料中找到有朝一日你能够成为一位高产学者的证据。如果目前仅仅完成了博士论文的出版，你恐怕需要求助于论文导师以便产出一些可发表的成果。

如果在申请材料中提到了合著成果，那么需要讲清楚合作的本质和分工。比如，你与合作者是一起完成了所有内容，或是你负责所有统计工作（这也是论文的核心部分），再或是你不得不加上其他人的名字，以便使用他/她们的数据。你需要详述工作内容（因为总会有人认识某人，去核实这些信息）。同时，这里告诉读者一些“背景知识”，比如你花了 2 年时间收集这些数据，用了 2 个月时间才完成某个实验，又或是在做田野调查之前，你特地去学了保加利亚语。

如果所属机构十分看重教学，你也应该在自我评价（下称自评）中提到这个内容，谈一谈在进入终身教职轨道期间，自己在教学方面取得的进步。如果在一些课程上你收到了极坏的评价，这恰是纠偏的时候，要去证明你能够接受批评，愿意也有能力在教学领域投入时间和精力去提高教学水平。如果你正在负责一门耗时费力的课程，也恰好可以在自评里礼貌地向负责课程评价的同事们提出建议，例如课程主题也应与教学方法一样列入评价范围。由于课程主题不同，英语专业的教授收到的教学评价往往要比物理学教授高，但也需注意评审专家的身份。他们也是物理学教授么？他们会
145 把收到的评价同他们自己的进行对比。不要在自评中批评系里的其他同事，更应论述的是未来你希望在教学上取得哪些进步。如果你打算布置更多的课程论文，或是准备开展教学

服务，这是谈谈未来计划的绝佳时刻。毕竟在研究方面，评审们希望寻找一位有所思考的教授，而不是准备了6门课程、并且希望靠这些课程应付此后所有教学任务的人。

如果在进入终身教职轨道期间有了孩子，你也应该在自评里明确写出来，由于育儿而导致终身教职审核时间延长的一两年里，机构并不要求学术产出。尽管这理应由行政部门负责告知外审专家，但根据萨兰娜·桑顿（Saranna Thornton）的研究表明，情况并非总是如此。根据她对76所院校的调研，半数院校会让评审专家自行判断终身教职晋级所需的年限。[1] 你需要在自我评价里清楚地说明，进入终身教职轨道期间的科研工作停顿是为了照顾刚出生的孩子。有一种强调方式比较奏效，便是不断使用以下语句："在我为申请终身教职做准备的6年间，发表了x、y和z……"尽管距离你拿到博士学位已经过了8年，但用语言不断重复应被计入评审的年限也是同时在强调，生完孩子后的那2年不应被计算在内。遗憾的是，仍有很多外审专家认为，妈妈们完全可以在抚养婴幼儿的同时完成学术发表。似乎人人都觉得，正在接受癌症化疗的病人没办法进行学术研究，但辛苦分娩的新妈妈们在照顾婴儿的同时，还应该正常完成基本的研究和写作。因此在自评中，应该阐明由于生育或是领养了孩子（们），你不得不暂停所有的教学和学术研究。在此期间，你所在的机构并不要求你有任何学术产出。这一点可以在自评里多次强调，以免增加申请终身教职中的风险。

146 那么自评中是否要提及你为了顺利生产提前6个月请了产假，以及孩子需要特殊照顾或是其他此类问题等等，这着实难以回答。但在一般情况下，我们倾向于不讲。列举太多育儿难题看上去就像在找借口，评审专家会觉得“这位女士未免抱怨太多”。可以在需要时解释为什么在某个学期的学生意见反馈中收到差评，又或是为什么你的研究过程中有段空白期，把上述原因列出。如果确实有必要提供这些信息，就要确保讲清楚前因后果，避免断章取义。

除了自评材料，你还需要提供这六七年来学术发表的复印件，包括著作、文章、书本章节以及书评、百科条目和其他发表过的内容。除非所在院系要求按照时间顺序整理材料，否则应该把你认为最重要的文章放在最前面（那些在顶尖期刊上发表，经同行审议过的文章）。对于那些你并不十分自信的发表，果断舍弃。这些发表内容大可列在你的个人简历上，但绝无必要把它们放进终身教职审核材料中，除非它们是你学术成就的重要组成部分。好好考虑采用什么顺序去整理材料，大多数评审专家会将你的材料从头到尾地看一遍，仔仔细细地阅读那些文章。而放在最前面的材料往往会塑造你在他们心中的第一印象。切记，要把最佳成果放在最前面。

你需要在目录页注明提交的文章以何种顺序排列。若非根据时间顺序或倒序展示材料，理应加以注释，比如“材料根据其重要性进行排列”或是“根据学术价值进行排列”。

用你的方式让评审专家注意到，哪些是他/她们最应关注的文章。他/她们都很忙，评审这些材料也没多少回报，尽量让他们能够便利地阅读到你的所有研究，也就需要你注意保 147
证材料整洁并方便查找。可以采用活页夹、把材料装订成类似课程介绍的小册子，或如灵修笔记本*（spiritual notebook）那样也未尝不可。克里斯汀就是把评审材料装订成小册子提交的，一位十分重视材料整洁程度和组织形式的评审专家对她产生了很好的印象。这位评审专家甚至将克里斯汀的材料带上飞机，在横贯大陆的飞行途中翻看她的材料。

另外一个诀窍是要重视材料的重量和厚度，有时评审专家会先看这两点再看内容。“打肿脸充胖子”属实不易，但文章的重印本或翻译版本也完全可以作为评审材料。最后的申报材料有点厚，其实无伤大雅。如果有值得骄傲的书评、百科条目、新闻报道等材料，大可把它们统统放进文件袋里。可能这样做不会对申报终身教职有太大帮助，却能够增加材料整体的厚度和重量。那么问题来了，要不要提交正在进行中的作品？一般来说，如果你的申报材料刚刚满足要求，那就需要你“知无不言，言无不尽”地把尚在写作中的文章也交上去，还需要告知评审专家这些作品还有待完成。但如果你有足够的把握达到终身教职的标准，未完成的作品就不必收录，它们并不会锦上添花，反而可能有损你的学术

* 也可称为灵性笔记本，内容多与星座、塔罗相关，一般是一侧打孔的环装笔记本。——译者注

声誉。更重要的是，这些未完成的作品都会被收入档案，假设 6 年后你申请晋升为正教授，这些记录也会影响对正教授的评审结果。值得再次强调的是，终身教职的标准在不同机构、不同院系都不相同，你需要熟知那些要求，并倾尽全力地去充实自己的申报材料。在申报材料提交之前，要请院系里的高级教授帮忙审阅并征求他/她们的反馈。当你感到满意的时候就可以提交给评审主席或院长了，然后来个深呼
148 吸，继续专注于眼前重要的事情，那可能是找另一份工作、计划要个宝宝、陪伴家人或是给自己一些独处的时间。从把申报材料交出去的那一刻起，这件事就不归你管了，好好放松一下。在接下来的 6 到 12 个月的时间里，或许听不到任何肯定的答复，等待很漫长且令人备感煎熬，但现在你自由了！把目光从终身教职考核的事情上暂时移开，是时候向前看了。

## 家庭

在前几章中，我们提到你需要严格规划自己的研究时间，其实这一点同样适用于家庭生活，家庭时光永远是最珍贵的。一天当中，至少有一部分时间要留给家人，和他/她们在一起的时候，放下手机，也不要再准备上课的材料。这时，你只是妈妈和伴侣。把家庭和工作分得越清楚，就越不会发出类似“我根本不知道这一个小时干了什么”的慨叹。

瑞秋给自己定了个规矩，在周五晚上和周六全天，绝不碰学校工作。这么做之后，她的精神健康也有所改善。她还记得自己曾经一度不间断地工作二到三个星期，周末完全无休。那时她只觉得生活无趣、自己可悲。

你的孩子不会 24 个小时都缠着你，但是年纪还小的孩子确实需要长时间的陪伴。每天晚上睡前陪孩子 1 个小时，远比周六花 7 个小时和孩子折腾更有意义。当瑞秋第一个孩子刚出生的时候，她会在丈夫早晨去上课的 1 个小时里陪着孩子。然后她再赶到办公室，专心致志地工作到下午 5 点半。她通常 5 点半从办公室离开，一到家就开始照顾孩子直到休息（不包括在孩子 6 个月之前，她会在午餐时间回家喂奶）。这样的时间安排，使得瑞秋每天至少有 4 个小时和她 149
的儿子待在一起，无论他醒着还是玩耍的时候，瑞秋总在他的身边。每晚睡前他们都会拥抱彼此，在儿子上床之后瑞秋再开始批改论文或是备课。这样一来，她就能把自己大脑最活跃的上午用来进行学术研究。

照顾孩子总归是手忙脚乱的，所以请谨记“把心放宽”这个原则。应该想到自己时刻在孩子身边是徒劳无功的，如果早上你错过了孩子迈出的第一步，晚上你也会看到孩子迈出的第二步。如果你今晚不读那一章，第二天晚上去读下一章也很好。我们享受和孩子待在一起的时光，想要多陪陪他们。但爸爸、奶奶和保姆同样也能照顾好他们。同样，高质量的日托服务可遇不可求，一旦你找到了，就要好好利用起来。瑞秋也曾陷入对孩子的愧疚感中无法自拔，她打算早早地将孩子们从夏令营接回家。她想，毕竟孩子们都已经在那个地方从早上 9 点待到了下午 3 点半。但当她赶去的时候，孩子们却生气了，“我们不想走，这个（活动）结束了之后还能吃零食和玩躲避球”。不仅如此，孩子们对待世界出奇地宽容，他们能接受每个人的不同。在孩子们还小时，有一位祖母（grandma）很关心他们，而另一位却跟他们没有太多联系。但是他们从来没有把这两种行为进行比较或质询，“为什么这位祖母不给我们礼物？”这是我们能从孩子们身上学到的重要一课。作为母亲，我们都是当之无愧的育儿专家，但我们也应该看到，孩子们同样能够和爸爸、祖父母以及一大帮亲戚朋友建立起亲密、健康的关系。由于多年来工作变动的缘故，我们住的地方也会随之改变，而孩子们依旧能够适应新环境，认识新的人。

不要担心带你的孩子一同参加会议或外出休假，但如果孩子还小的话，切忌同时照看孩子和参加会议。向大会托管中心寻求帮助，与其他参会教授轮流照看孩子，或者尽量把参加会议的地点选在离孩子祖父母近的地方。瑞秋曾到威斯康星州的麦迪逊参加会议，那时她的第一个孩子只有七个月
150 大仍需哺乳。瑞秋的妈妈和爸爸就和她一起去参加了会议。祖孙三代在那段时间里玩得很开心，祖父母带着孙子去动物园喂了鸟，瑞秋也不必在工作和带娃之间一直高强度运转，感到无比轻松，这绝对是双赢。让我们再来看看轮流照看孩

子的可行性。瑞秋曾和一名同事一起参加全国性会议，两个人都带着自己的第三个孩子。瑞秋和同事商量由两个人轮流照顾两个婴儿，这样总有一个人能去参加会议。问题是只要那位同事一离开，她的孩子就哭个不停。所以这样做的效果有时也不尽人意，并不成功。

休假的时候带着一个小孩到处跑是个挑战，但是趁着休假换个环境可能是你完成研究计划的必要条件。某些情况下，你能申请到的研究资助类型要求你必须搬到一个新地方。搬来搬去自然要花一点额外的时间，但你能从教学活动中脱身，并将多出来的时间分给研究和家庭，何乐而不为呢？瑞秋和克里斯汀都曾在华盛顿度过一段学术休假的时光。华盛顿是一个享受学术休假的理想城市，那里很容易找到短期房源，也适合开展很多有趣的家庭活动。克里斯汀曾在新泽西州的普林斯顿、马萨诸塞州的剑桥两个城市各生活过一年，并在东欧完成了田野调查。瑞秋则是在北京度过了两个假期，虽然后勤保障的困难（logistics bundles）相当多，但在大部分此类项目中会有工作人员协助你处理好住房和孩子就学的问题。北京大学的人口研究所帮助瑞秋办理了签证、安排了住房并解决了孩子上学的问题。普林斯顿高等研究院会为研究人员的子女在就近的日托中心留位（这像是在做梦），而普林斯顿公立学校系统会提供校车接送，而且接送地点就在住处附近。哈佛大学这方面的条件相对欠缺，但对于克里斯汀来说，能从教学中脱身休个年假就非常值得。

成百上千本书教我们如何做父母，但是全读不如不读。有一些书对在职妈妈充满敌意。少看书多相信自己，别忘了“放宽心”原则。和伴侣相处的时间也十分重要，“放宽心”原则和时间管理同样适用于此。你还需要经常锻炼，这并不是要求你去跑马拉松，是为了让你有更好的体魄迎接新的挑战。另外别忘了善用休闲时间，你和伴侣也需要二人世界，尽量找到一个合适的时间独处，并养成习惯。这可以是每周一次的“约会之夜”，或是每晚孩子睡下后的那一小时。

### 文本框 7.2　带娃去海外

151 根据我们的经验来看，孩子们多变却容易原谅。而他/她们的洞察力也是惊人的，一旦你对某些事情表现出了紧张或愧疚，他们能够马上捕捉到并且“大做文章”。记住，孩子们绝对不会错过“作”的机会。如果你错过了孩子学校组织的郊游并表现得十分愧疚，那么他们一定会不停地“呜呜呜”抱怨你的缺席。基于此，我们建议你和愧疚感说拜拜，享受和孩子们在一起的时间，一定比后悔没和他们在一起的时光要快乐得多。

带孩子去海外旅行能够让他们接触到不同文化，从而刺激他们懂得更多的道理。当瑞秋和丈夫第一次带着第一个孩子去国外旅行时（他还不满 2 岁），旅行开始的前几晚，他总是哭着要回家。这时候瑞秋就会告诉孩子，“妈妈在这儿，爸爸也在这儿，这儿就是我们的家”。此后过了四周，他们转站到另一个城市，某天闲逛时，马丁（他们的儿子）觉得有点累了，从婴儿车里爬起来说：“让我们找个今晚的家吧。”

两个成年人带一个孩子比一个成年人带四个孩子轻松多了，但是如果最大的孩子能帮忙照顾弟弟妹妹，那么“一拖四”也可以实现。1992 年，瑞秋夫妇带着 6 岁和 1 岁的孩子搬到北京住了一年。6 年后，他们带着 4 个孩子到北京又住了一年。第二次到北京时，他们住在大学城的一个两室公寓，两室公寓并不是指这间公寓有两间卧室，而是只有两个房间。那时候，最大的孩子已经 13 岁了，他的混合学习模式包括父母的教育、家庭教师的讲授，以及大量的阅读和写作。老二和老三会去北京学校上学，这也是学习语言的最佳途径——普通话环境教学，何况孩子八九岁的时候也是最适合学习语言的阶段。最小的孩子则待在家里，由一位能讲中文的保姆负责照顾他。四个孩子睡在一个房间总归有点儿挤，三个孩子得睡在一张床上，但事实上，孩子们觉得挤来挤去也很有趣。这期间由于不必教学，瑞秋能完成很多工 152
作，还有额外的家庭时光。后来全家搬到同一个社区的另一幢公寓，有三间卧室，她的孩子们和丈夫每年会往返两次北京，以便重温中文学习。

人们常问瑞秋，在北京的那段时间里，孩子们在美国的学业会受到何种影响。他们每次往返要缺三四个星期的课，一年两次。选择旅行的时间会连着学校的假期，这样能够尽量减少缺课时间，即便如此他/她们也会错过很多课程。有一些学校缺失的课业后来被补回来了，但大部分的课是与孩子们的中国游历相辅相成的。阅读有关古代中国天文器材的文章可以算是科学课，研究中国宗教可视作人文课程学习，完成图片散文（photo essay）就算是语言学习。虽然并不是每一位老师都能够理解这种做法，但大部分老师都认可，孩子们也早早学到了何为“取舍”。至于选择何种教育模式（请老师到家里授课，还是让孩子们去学校），瑞秋建议不用征得他/她们的同意，而是礼貌地告诉他/她们你的计划。

如果你正在进行田野调查，那确实需要考虑这会对孩子上学产生什么影响。很多情况下，上一个学年的课程比只上一个学期的课程对孩子更好。国际学校的学费昂贵，所以不妨去找一些替代方式。瑞秋是选择请老师来家里给孩子们上课。如果是高中生，还能够参与函授课程、大学（college）的远程课程或是你所在城市的大学生海外学习课程。瑞秋有一位教授朋友，在她女儿上九年级时，到中国讲授了一学期的课程。她的女儿跟着大学生一起学中文，并独立完成其他高中科目的学习，学习材料是从她的家乡带到中国的。得益于四通八达的网络，这样的学习也变得很简单。1998年瑞秋一家来到中国，当时瑞秋根据孩子们的阅读水平，分别给四个孩子买了不同的参考书和阅读材料。如今，网上资源应有尽有，内容还能转存到平板或电子书上。

153 相比瑞秋，克里斯汀更重视孩子学校的安排（可能也是因为她当上妈妈之后的第一次田野调查的延长期间，她的女儿还没有到上学的年龄）。[1] 每年暑假，克里斯汀都会前往保加利亚进行田野调查，并会在冬天那几个月里到保加利亚来一场短期旅行。克里斯汀的女儿性情温和且适应力极强，无论在机场还是在操场，她都觉得跟在家没什么两样。对她而言，阅读旅游储蓄协会（TSA，Toursit Saving Association）的安保程序和背诵单词表一样熟悉，随着年纪增长，她也能陪克里斯汀参加会议和讲座，当克里斯汀开始讲一些“无聊的事情”，她就会带上便携式 DVD 播放器坐在房间的后面。另一位从事学术研究的母亲总是询问克里斯汀，她如何能做到和女儿频繁出游。克里斯汀总是给出相同的答案，“我别无选择”。尽早开始和孩子一同旅行，并认识到这是常态，对我们大有裨益。

旅行让瑞秋的孩子们能说一口流利的普通话，这使得他们在自己的家乡人口两万的缅因州能感受到家的舒适，也能够在人口接近两千万的异国他乡感到自如，虽然在那里他们只要在街上出现就常常被品头论足。对于克里斯汀的女儿来说，大部分旅游都集中在欧洲，因此她掌握了一些保加利亚语，在上一年级之前就认识了希腊的万神殿，并且特别偏好天主教风格的烹饪方式。不得不说，如果少上几天学换来这样的回报，何乐而不为呢？

旅行当中最困难的莫过于旅途本身。我们建议你尽量多地使用手推车，因为它是很棒的行李车。如果你要在目的地

居住较长一段时间，也可以提前寄些书过去。此外，无论去
哪里你都需要买一些便宜的玩具，在出去工作的时候给孩子
消磨时间。电子书和平板的出现轻松解决了“如何给孩子带
足够的书”的问题，还要买一些衬衫和便宜的儿童衣物为旅
途做准备。如果行李箱还有多余的空间，记得带上孩子最心
爱的毯子或毛绒玩具，这样能让他/她们觉得出门在外和在
家睡觉没什么区别。瑞秋的儿子路易斯在往返北京两次的十
年间，每次都会带着他的毛毯和枕头，这对一些人来讲无法
理解，甚至觉得愚蠢。但对于路易斯而言，毛毯和枕头就是
他的精神寄托。每当路易斯拿着法国圆号，帕特里克拿着小
154 提琴外加四个鼓鼓囊囊的背包出现在机场的时候，总是一道
靓丽的风景线。但只要一踏上北京的土地，他们就觉得到家
了。法国圆号老师和小提琴老师都会去接机，孩子们也会喊
上他们的北京朋友们一起，就像从没离开过。

那么生活中的其他事呢？你需要从中找空儿，去做研究、教学和照顾家庭。说白了，这里的建议和本章中的“服务”部分是一致的——找到拒绝的方式。如果你或你的伴侣想要房间保持干净整洁，雇个人来打扫就好了，或是就放任房间脏下去，也没什么大不了。习惯凌乱不堪的房子，是学者妈妈们必须接受的现实。然而，这永恒的凌乱一度让海伦陷入崩溃。她是自然科学领域的终身教授，也是三个孩子的妈妈，所幸的是她最终接受了现实并把注意力放在需要完成

的事情上，她这样说：

> 我希望能有个老婆。我说真的！要是能有个人待在家里打扫卫生，处理堆积如山的鸡毛蒜皮，窗户破了有人管，炉子坏了或水管漏了有人打电话请人来维修，如果还能包揽了洗衣服、做饭、购买杂物等一系列家务……我会觉得身处天堂。我爱我的丈夫，但是房子凌乱不堪或是孩子没有干净内裤替换的时候，他一点也不担心。如果我有个老婆，这些绝对会让她心烦意乱！实际上，由于很多原因，我们从来没有雇人来家里打扫，但有时家务比看起来要多得多。从道德层面来看，我和丈夫都不希望雇别人来为我们打扫卫生，我们觉得这些家务是力所能及的事情。我觉得以健康的方式保持家里整洁、美观是一份全职工作，但如果夫妻双方都有自己的事业，一定没有时间完成全部家务。有几次吃完晚饭，我已经疲惫不堪，然而意识到还有家务等着做，或是有一些工作的截止日期就快到了。每当这个时候，我往往会选择加班加点地完成工作，把家务留到下一次。

正如海伦所说，我们建议你降低对房屋整洁度的标准， 155
把那些传统意义上妈妈必须做、不做就会感到愧疚的家务抛在脑后。在此声明，不要熨烫任何东西，千万不要手工制作万圣节服装，除非你把它看成一种类似缝纫疗法（sewing

therapeutic）的放松方式。[*] 不要去做制作饼干出售的志愿者，如果要参加食品募捐，寄支票去食品银行[**]（food bank）就可以。不要再纠结袜子配不配对，找袜子实在浪费时间。如果你真有强迫症，袜子必须成双成对，那以后就只买一种款式。要是没那么在意的话，就像瑞秋家一样，不如就把形形色色的袜子全扔进放袜子的抽屉里好了。放任这些小事能让你的生活变得不那么匆忙杂乱。总而言之，拥抱混乱。

瑞秋有一个原则，她从来不参加下午 5 点以后的任何会议或大学活动。当然，如果会议或活动很重要的话，她偶尔也会违背一下原则，但有这样一条“金科玉律”记在心里，能够为你省下很多时间。5 点过后就是和家人在一起的时间，瑞秋家的每一位成员都要在场（在这个时候继续写作，无疑是痴人说梦）。也不用去参加机构组织的野外旅行，你可能很想去，孩子们也希望你参加，但是工作时间就是工作时间。瑞秋的孩子们就很理解妈妈在学校的工作，一回到家她就会把目光全都放在他们身上。设定原则还有另一个好处，每当你违背它的时候，你和家人都会格外注意。比如，瑞秋想要告诉孩子们学习希伯来语十分重要，因此每周三下午她都会打破作息原则，志愿去到希伯来语学校服务（这是她获

---

* 一种心理学治疗方法，比如缝纫就像冥想，是一种天然的抗抑郁剂，并有助于保护大脑衰老等等。——译者注

** 类似救济站，主要为经济有困难人士提供暂时性膳食支援，鼓励他们自力更生。——译者注

得终身教职之后的事）。这样一来，孩子们也就认识到希伯来语学校是他们妈妈破例也要去的地方，必定相当重要。

克里斯汀远没有瑞秋那么有规划，但她在很长一段时间里是一位单身妈妈，身边也只有一个孩子。对于克里斯汀而言，工作和家庭并没有明确的分界线。她更喜欢穿着睡衣在厨房桌子上批改试卷，或在床上阅读。只要她觉得灵感来了，随时都能开始写作，尽管有时候这意味着从大半夜写到次日，然后她会睡上一整个白天。克里斯汀独自带女儿的时候，这样的作息完全不成问题，因为照顾孩子的义务明明白白、清清楚楚地落在她一个人身上，而照顾孩子之外的时间全部由她自己掌握。克里斯汀的女儿安娜性格随和，一个人玩或读书都很开心。虽然小安娜也像其他孩子一样需要妈妈的关注，但她已经习惯了妈妈在家办公，也已经对妈妈批改试卷或在电脑上写作习以为常了。要是这时候还有另一个成
年人出现，那一切就变得更加复杂了，毕竟伴侣也需要得到 156
关注。

总而言之，背负着这么多责任，你不可避免地会忘了自己是谁。尽管这些事情令人懊恼，但这就是你需要做的而且必须克服它们。但可以在获得终身教职之后，允许自己逛逛街或去做做指甲。在获得终身教职之前，你要做的是全力以赴，并且尽量保证充足的睡眠。

*8*

# 长征胜利：获得终身教职的那些年

157 恭喜！你做到了！理事们授予了你终身教职，你现在是一名副教授了。一切努力都得到了回报，过去七八年间的担忧和努力都有了回应。通常来说，获得终身教职后，你会感到无所适从，可能还会环顾四周暗自思揣“接下来该干什么”，但事实是，生活在这之后并不会突然发生变化。你依然做着之前的工作，要去上课，处理那些返修后需要重新提交的论文，还要填写新的资助申请表格，和学生见面。前方并非一路坦途，和成为教授之前没有什么两样。但好消息是，前方的艰难险阻变得比较容易克服了，连投稿遭拒也没有那么可怕了。所以，这场仗值得打。如果你指望在成为教授之后生活发生翻天覆地的变化，或者整个世界的压力都消失，你肯定会感到失望，甚至是一点点迷惘。

我们曾向历史学系副教授米里亚姆询问现在年轻助理教授之间流行什么样的关于终身教职的传说，她在回复中写道：

> ［有这样一个神话］：成为终身教授之后，生活会变得轻松许多。现在很多大学都设有“专攻研究的学期”，为开展研究提供一系列的保障与支持，帮助女性获得终身教职，晋升为副教授。大部分学者都会把博士期间的研究作为申请第一个重要科研项目的基础。进行脚踏实地的研究，至少在部分程度上消化理解这些研究工作，是研究成果得以发表的重要环节。没有人会谈到第二个科研项目是什么，也不会提到找到项目资助和时间会有多困难。当然，这些相对增加的责任和义务在获得终身教职之前并不会出现。额外的专业责任和家庭义务让学 158
> 者们很难抽出整块的时间来做研究。而且，研究资助（fellowship）是面向研究刚刚起步而并非处于职业中期的学者，学者们如果在申请终身教职后再组建家庭，处于职业发展中期的你，只会感到更加难以平衡家庭和工作。

你有孩子了吗？没有的话，可以提上日程了。你显然是个一次专心干一件事的人。所以，这次把全身心投入终身教职申请的热情，放到怀孕上吧。如果已经有了孩子，这时也可以问问自己还想不想要更多孩子。之前的你可能觉得一个孩子已经足够，现在的你可能在考虑再要一个、两个或是三个。你绝对不会是第一个在成功获得终身教职之后，就决定怀孕的学者母亲。在妈妈获得终身教职后出生的宝宝在学术界不在少数，而且你完全有权利扩大家庭规模（第 4 章已经深入探讨了家庭规模这一主题）。

获得终身教职之后那几年是你对生活、工作和其他方方面面进行反思和重新安排的好时机。对我们中的大部分人来说，获得终身教职类似一个反高潮。为了能进入顶尖的研究生项目，我们必须考上好大学；为了考上好大学，我们必须在高中取得优异的成绩；进入研究生阶段后，我们必须保持优异才能写出一篇优秀的学位论文，这样才能在一所适合自己的好机构找到一份助理教授的工作。从此开始，我们没日没夜地做研究，遭受数不胜数的拒信和令人失望的教学评价的打击，忍受所有要求我们完成的校园服务，最后终于取得了终身副教授这一稍显空洞的名头。我们再不用发愁找工作，我们有了丰厚的退休金和不错的医疗保险，还能带薪完成自己的计划和研究日程，从事自己真正渴望的研究。我们已经得到了梦寐以求的一切。那么，然后呢？

获得终身教职之后，你当然应该庆祝这得来不易的胜利果实，也需要对生活中至今未经仔细考虑的方面，作出或多或少的调整。有几个问题你需要好好考虑一下：现在这个机构合适吗？如今从事的研究类型是你所希望的吗？上课的时
159 间长短合适吗（投入教学时间过多或过少都是可能发生的情况）？花在其他工作上的时间合适吗？值得重申的是，你要评估自己是否太过冷落那些原本想要完成的事情，或是太过投入原本不感兴趣的事情上。这么做是为了让你有更多的时

间和精力去做能够带给你满足感，并有助于实现专业目标和家庭目标的事情。对于那些令人反感的杂事，应该尽量减少投入的时间和精力，因为它们并不能帮助你实现个人目标，但不要太过极端。生活的真相就是，我们不能轻易甩开不喜欢的事物。我们不喜欢批改作业，但还是要做。瑞秋不喜欢参加学校的合唱音乐会，但她还是一直参加（也可能是意识到随着孩子们慢慢长大，音乐会的质量确实会随之提高）。克里斯汀不喜欢没有日程安排的委员会会议，但她还是会参加。面对这样的情况，不妨发挥一下想象力。你可以想方设法地减少批改作业的时间，与此同时，尽量保证教学目标的完成。就像你可以在会议上“放空”，用那段时间去思考下一个项目或者考虑周末应该组织什么有趣的亲子活动。重点在于，从获得终身教职的那一刻起，你的包袱就卸下了许多，但请你尽力成为一个合格、体面的大学公民。在这一章，我们将谈一谈研究、教学、院系和机构服务、学科服务以及家庭事务。

## 学术研究：仰望星空，目光长远

众所周知，不同学科方向对终身教授有不同的期望。我们在书中对战略规划自己的研究时间着墨很多。我们所有人都经历过进入终身教职轨道的时间压力。获得终身教职之前，你需要做的就是尽快发表成果，这样才能有东西提交给学术委员会。但是获得终身教职后，是时候为自己绘制一幅更为广阔的蓝图了。项目时间长一些也无伤大雅。现在，你可以着手研究以往六年浅尝辄止的那个宏大问题，也可以把所有文章汇集成册，或是涉足全新的研究领域。但在开始之前，也要抽出点时间思考全局（问问自己你上一次思考全局是什么时候的事）。你可以考虑寻找资助，也可以考虑离开一年去重拾研究热情或者学习新的研究方法。是不是因为家
160 庭而去不了任何地方？那么，把世界拉到你面前。可以在周末组织一场研讨会，邀请和你处在同一职业发展阶段的学者参加。不要局限于研究生院的朋友们，把格局打开，去结识新的学者。

是时候投身学术大世界了！获得终身教职让你在学科领域的地位今非昔比。突然之间，你会受邀评议许多文章、书稿、终身教职申请文件和资助申请书，这让你一下子更有能力塑造所在学科领域的知识轮廓。对瑞秋而言，成为副教授之后的那几年，她和研究生期间的朋友们重新取得联系，他/她们都已经毕业而且正准备与其他人合作开展研究。获得终身教职之前，瑞秋的所有文章均是独撰。获得终身教职之后，她的文章几乎都是合作撰写的。瑞秋发现合作比一个人闭门造车有趣多了，在写作遇到瓶颈的时候，也能有个人出主意，而且还有另一个人一起为研究成果的质量负责。尽管有时感到疲惫和厌烦，她还是会继续工作，因为她的合作者可能恰好需要这篇文章作为申请终身教职或升职的材料。

克里斯汀的情况不尽相同，虽然她在获得终身教职之后也开始了合作研究，但是大部分工作依旧由她自己独立完成(毕竟与别人一同撰写民族志比较困难)。克里斯汀克服了获得终身教职后的无所适从，她开始拓宽知识眼界。她成功获得了一项由国家科学基金会为升级研究方法而设立的文化—人类学资助，并在德国的马克斯·普朗克人口研究所（Max Planck Institute for Demographic Research）参加过两个暑期的研究员项目，与一位意大利同事一起学习人口统计学的研究方法。在完成第二本书的创作之后，克里斯汀开始创作人类学方面的散文和小说，但这与她所从事的早期研究（由社会学理论驱动的研究）大相径庭。她早已不必担心终身教职的事情，手里也有了两本严肃的学术专著，所以她决定出版一部由散文和故事汇编而成的书，作为她的第三本著作。这本书面向的受众面会更广，包括对内容感兴趣的学者、大学生和普通大众。已步入正轨的学者，尝试新事物是很常见的事。学术生涯路漫漫，要想自己对研究始终保持激情和兴趣，不妨尝试挑战不同的学科领域，撰写不同类型的著作或者面向不同读者进行写作。

虽然谈了这么多改变，但希望你不要觉得取得终身教职 161
之前和之后是完全不同的两个阶段。其实，大部分生活和之前没有什么两样。如果一直以来你都有自我反省的习惯，那么在成为终身教授之后，你的研究习惯也不会发生什么巨大改变。不妨利用获得终身教职带来的“全新”的自由，去尝试新的研究主题或研究路径。你的目标本就不局限于获得终身教职。知识生产者的职业生涯是没有终点的，获得终身教职不过是之后漫漫长路的开端罢了。所以，继续努力吧。你慢慢就会发现这一切变得越来越简单，越来越有乐趣。投稿被拒或是资助申请失败也不会像之前那么可怕了。而且，你在获得终身教职之前疯狂的努力让你现在手里握着几个可供研究的主题。所以完全可以花一年的时间，重新审视和思考自己的处境和未来的方向。现在的你是拿着工资在思考、阅读和写作，这就是你的工作。尽情享受终身教职带来的快乐吧，并非所有人都能达到这样的成就，你完全有资格享受这一切。

## 教学：教授新课程，尝试新教育

无论身处I类研究型大学还是教学任务繁重的其他类型的学校，你都需要将工作的一部分重心放在教学上。现在也应该把教学变成一件美差了。就算没有人在乎你的教学质量，你也该在乎，因为让学生学习到新的知识是一件有趣的事。你有可能会改变那些年轻人的生活，向他/她们展示看待世界的新方法，带给他/她们全新的思考，教他/她们如何质疑之前笃信的真理。克里斯汀和瑞秋常常收到之前教过的学生们寄来的感谢邮件，感恩在大学课堂上聆听过她们的教诲。每当此时，克里斯汀和瑞秋都会觉得十分欣慰。

在鲍登学院，终身教职的评审还需要参考教学质量（至少是学生对于教学的反馈意见），瑞秋在获得终身教职前历来都是位好老师。但她对自己的教学依然有不满意的地方，尤其是高级研讨课的教学。学生们都不愿在课堂上讨论，提交的研究论文也大都很平庸。从学生意见反馈来看，他/她们还是很喜欢这门课的，但瑞秋并不开心。所以在获得终身教职之后的反思期里，瑞秋打算大幅调整这门课的设计。获得终身教职前，她担心对课程进行大幅度变动会有风险，毕 162
竟不能保证改动后的课程效果，也不能确定学生们对变动是否会满意。成为终身教授之后，瑞秋意识到她在很长一段时间内都要继续讲授这门课，所以下定决心要对课程进行改善。她花了很长的时间思考让学生深入阅读材料的方法，并且将作业设计成一系列问题表，迫使学生在课前对材料进行思考。这些改变显著提升了教学效果，却给瑞秋增加了很多批改工作。于是，她又对上课形式进行了调整。这一次学生们被分成了不同小组。这种做法对教学效果的提升跟之前差不多，而且还大幅减少了批改作业的工作量。瑞秋的这个例子很好地体现了，在决策过程中应该把时间权衡考虑进去。你要做的不是追求最佳的教学效果（也不是要求学生写出一流的研究论文），而是在合理、有限的时间内提供最好的教育。人生的方方面面都是这样，养育孩子也是如此。

我们认识的一位在一所规模较小的文理学院任职的哲学教授，也在获得终身教职后对教学进行了实质性的调整。她不想再看抄袭横行的糟糕论文了。她的学生们不会做课前预习这一点也让她很苦恼，后来她才发现他/她们读不懂阅读材料。于是这位哲学教授改变了教学方式，先带领学生们读懂材料再让他/她们进行写作。她不再要求学生们写研究论文，并且把课程内容组织得更有条理。根据她的反馈，这么做是有效果的，她写道：“对我而言，最难的是采用一种读大学时的我会讨厌的教学模式，但这是我必须要做的。事实
163 证明，学生们花在学习上的时间明显增多了，我和他/她们的挫败感都没有那么强了。”

获得终身教职之后，不妨再想一想如何加强研究和教学之间的联系。融合研究与教学，让学生们了解你作为研究人员和知识生产者的一面，想一想就觉得心满意足。在课程里加一个介绍自己研究的章节，不要像之前一样，只拿出一个星期的时间去讲解，而是花上两三个星期去完成这个章节的教学。总体而言，可以考虑减少授课内容但增加深度。如果你正在考虑进行一项新的研究项目，不妨就把新项目作为一个教学主题。这样一来，你就可以利用教学时间而不是研究时间来阅读必要的背景材料了。每堂课上你都可以布置你想读的内容作为阅读材料。是的，这意味着尽管有时会犯错，布置给学生的阅读任务与你设想的不一致，但学生能够从你对材料的评论文章中学到的知识，不会少于他/她们能从你原本打算布置的新阅读材料中学到的知识。

如果有机会的话，为什么不直接围绕你自身的研究兴趣

构建一门完整的课程呢？瑞秋一直在讲授家庭经济学方面的课程，克里斯汀则开发了一门课，名为“现代东欧的社会性别与生理性别”。当克里斯汀发现自己对世俗化和女性权利感兴趣的时候，她新开了一门叫“社会性别与世俗化”的课程，这样便于她熟悉一个全新的批判研究领域。虽然人文学科灵活的环境让学者可以设计自己的课程，但任何学科的学者在获得终身教职之后，都应该能够找到将教学任务同学术兴趣相结合的方法。

最后，也是最重要的一点，几个学期不看教学评价也没什么关系。大家对待学生课程反馈表的态度不同，克里斯汀的一名同事必须在三杯玛格莉塔（酒）下肚之后才有勇气看课程反馈表。无论你是什么态度，教学评价有时候还是有一定借鉴意义的，能够帮助你提高教学水平。当然，有时候这些教学评价只会对你造成打击，让你对自己的学生产生敌意。如果你所在的机构很重视教学，那么放任自己在一两个学期内对教学评价不予理睬也毫无不妥。要是机构里没人关心你的教学水平，那不妨在一两个学期内花点心思在教学评价上。无论如何，你都应该自由地尝试新的理念和教学方法，这样才能享受上课的每一分钟。

## 院系、机构服务：保持警惕，避免引火上身

当你成为所在机构的终身教授，一个充满了服务义务的

世界就向你敞开了大门，此前，你可能根本都没听过它的存在。突然之间，你就成了劳动密集型委员会的“猎物”，而在你获得终身教职之前，这些委员会从来没有想过拉你入伙。你也有可能会成为院系主任，或是机构中的高级行政人员。总而言之，一大堆事务会不由分说地落到你身上。正当你觉得一切渐渐尘埃落定，也取得了一点专业方面的成就时，院长或是主任会追在你后面，要求你去做一些令人厌恶
164 的、无聊的、没人会感激你也没人愿意做的工作。据说一些高级教授望眼欲穿地盼望院系里有新晋终身教授出现，因为这样一来，他/她们就能把所有繁重的任务全推给“新人”。还有一则故事，虽然很可能是虚构的，但能说明大家对院系服务避之不及的心态。有一位助理教授的研究成果早就达到终身教授的标准了，但他/她却从来不在同一机构呆满六年，因为只有这样才能避开申请终身教职的时间点，从而不用承担资深学者应负担的服务义务，为自己省下更多的研究时间。

保护自己免受服务义务之苦十分困难，某种程度上来说你能做的并不多。你必须加入所在院系面向资历较浅学者的终身教职委员会，你不可能逃得掉这项服务。在一些规模较小的院系，你最终还会成为所在院系的院长或主任，这也是几乎无法避免的事。但如果院长打算让你主持一些刚刚组建的申诉委员会（appeals committee）或是校园多元化倡议（campus-wide diversity initiative），你就要小心了，这可能会引

火上身。实际上，如果在成为副教授的第一年里答应了太多事情，机构里的同事和领导都会在脑海里自动把你归入“热爱服务”那一类。反之，如果在第一年里巧妙地拒绝一些请求，或多或少你就会被那些人从“热爱服务人员名单”上划掉。这并不是让你逃避所有责任，只是千万别变成只会服务的“老好人”，或总是做“接盘侠”，去负责一些没人愿意做的事。

服务工作完成得太好也有风险。我们中的一些人，尤其是有孩子的妈妈们，她们各方面能力都很强而且善于组织管理，人人都希望她们加入自己的委员会。同时，有一些缺乏责任意识、粗心大意、没有时间观念或是脾气差的人不会受到任何青睐。和这类人员共事是非常令人沮丧的，因为他/她们只会指望别人站出来替他/她们把委员会的工作都做了。你当然不想成为不负责任的人，但自然也不想被“拉壮丁”当“冤大头”。就算你是一个委员会的主席，也不必把整个委员会的工作都揽到自己身上。有时候独立完成工作要比等待所有人达成共识简单得多，但这意味着大包大揽，所
以除非你非常在乎这个委员会，否则不要干这种劳神费力的 165
事情。在这个阶段，你应该多分出时间来照顾家庭，坚决不要让增加的服务义务夺走这部分时间。

要完成的服务工作包括哪些呢？其实这完全取决于你所在的机构。校园内有太多等着教师去完成的事务性工作。比如负责研究生招生、主持遴选委员会、为研究生和大学生提

供建议或者监督“一年级课本”的挑选，又或是为各种关心女性地位、少数群体地位、残疾人地位、人文学科地位、校园狂人地位的校内委员会招募人员。还有数不胜数的学生组织和学生倡议活动，需要教授的帮助和支持。有些理事想要和教授沟通，发展规划办公室也想要通过教授和校友取得联系。还有面向未来大学生举办的各种活动，以及数不尽的讲话、研讨会、座谈会和演讲，这些都需要你出席或指导。

一周花50个小时在教学和服务工作上是完全有可能的。有些人满足于获得终身教职，也并不担心一辈子只做副教授，排山倒海般的服务工作给了他/她们推迟研究的充分理由，有些人甚至再也没有做过研究。但作出这个决定要格外谨慎，放弃研究意味着你再也离不开现在的机构，也不会有其他学术岗位向你抛出橄榄枝。同时，你可能会对自己的工作感到沮丧。努力了这么久才走到现在这个位置却发现对工作不满意，这是件令人遗憾的事。

在人力资本理论中，有两种人力资本投资形式。第一种被称作“一般人力资本”（general human capital），由针对个人本身的投资组成（即为个人知识储备进行的投资），这些投资是可迁移的。在学术界，所谓一般人力资本就包括了教育背景、学位水平、出版著作、研究经历和特定领域的专业素养、获得的荣誉和研究员职位、教学大纲以及讲授不同层次特定科目的能力。另一种形式的资本是“企业专用性投资”（firm-specific investment），主要是指你为所在机构完成的服

务，这类投资不会提高你在就业市场的竞争力，一般也不可迁移。你可以用这个标准去分辨你被要求完成的任务，判断
这些任务究竟会增加你的可迁移人力资本，还是只对你现在 166
所处的机构有一定价值而已。比如，担任所在机构的研究委员会主席并监督机构内开展的研究，这样的经历能提升你在广阔就业市场上的竞争力。然而监督一个非常具体的本科阶段专业学分改革计划的实施，对其他机构就没那么有价值了，因为它们对本科阶段教育也许有非常不同的标准和要求。

取得终身教职后，所在院系会尽可能多地让你承担企业专用性服务工作。院系在你身上做了很多投资，所以一旦你有意离开另寻更好的或薪水更高的职位，院系的管理层可不会开心。为服务工作所累的终身教授们压根没有时间考虑就业市场，或是深入自身研究领域以增加他/她们在就业市场上的吸引力。这听起来很像“阴谋论”，但是很多副教授都感同身受。为了保护自己，你应该争取在做企业专门服务的同时，确保它们能够增加你拥有的可迁移人力资本。比如，成为院系主任（行政经验总是有用的），监督研究生招生过程，或主持与自己研究兴趣相关的特定领域的研究委员会。加入大学的晋升与终身教职评审委员会，或是参加一些能够让你更好地了解学术界内部机制的委员会，也不失为一个好主意。但是参加为重新设计校园艺术博物馆建筑而设立的委员会，并不会增加你的一般人力资本，除非你是名建筑师。

此外，作为委员会的成员讨论如何提高学术建议的有效性，从而帮助所在机构的一年级学生选择主修课，或是在为重新思考校园循环利用计划而召开的教师委员会会议上呼呼大睡，这些都不会对增加一般人力资本有任何帮助。然而，这些委员会都是我们身边的同事和朋友们实际参加过的。

除了努力保证学校的服务工作能够增加你的一般人力资本，你还可以试着把自己的服务时间集中在自己关心的领域。瑞秋在鲍登学院的那些年，干了难以计数的服务性工作。最初来到学院时，女性教师比例少得可怜，所有的女性都需要承担多到离谱的委员会工作。除了接受这种现实之外，毫无办法。但瑞秋还是决定采取主动出击的策略，志愿
167 为她真正感兴趣的委员会工作，否则她有可能被分配到某个她不感兴趣的委员会里。她曾被指派到学生司法委员会，这次糟糕的经历让她更加坚持自己的策略。如果选择主动出击，你就不会那么反感委员会的工作，甚至可能会因为干出了一些成绩而感到满足。毕竟，这本书之所以能够诞生，都是因为瑞秋曾经担任性别和女性研究项目的主管。这份工作虽然要求瑞秋担任一个大型学术委员会的主席长达两年之久，但最终促成了鲍登学院雇佣克里斯汀。

那么，该如何向不合理的服务工作说不呢？这一点在之前章节中也有提及，但现在情况出现了转变，你已经获得了终身教职，所以机构不能单方面解雇你了。你有权利拒绝完成任何职责范围之外的工作，其中当然包括一些让你在深更

半夜、周末或暑假期间加班的工作。瑞秋就明确表示不会在下午 5 点后继续工作，也拒绝在周五晚上或周六工作。如果机构理事总是喜欢周六开会，这时请说“不”。若能坚持这一原则，那么在获得终身教职之后的日子将会轻松很多。值得注意的是，不同机构对于拒绝的容忍度也是千差万别，但我们建议你改掉讨好别人的习惯。所以，尽到职责足矣，除非你已经打算不做学术，而是选择了固定行政岗位。从心理层面上看，人们更愿意指使女人，因为她们不像男人那么习惯拒绝。就算可能会被扣上“冷酷”或“不合群”的帽子，捍卫自己的权利也是值得的。不要因为是新晋终身教授而不敢拒绝，千万别让院系里那些老一辈的男教授把什么活儿都塞给你。

## 学科服务：加大投入，扬名立万

与机构服务不同，学科服务的成果从本质上来说是可迁移的。学术界的繁荣靠的是终身教授自愿付出的劳动。很多素昧平生的人出于对其所在学科的责任感而阅读你的文章、
书稿、资助申请和终身教职申请表格。成为终身教授后，你 168
就真正成了他/她们的一分子，必须要承担随之而来的专业责任。请务必承担一部分责任，但仅限于那些你感兴趣并且能够帮助你了解学科最新动态、推动学科领域发展的责任。换句话说，正如我们在前面几节中强调的，你需要为学科做

一些你认为重要的事情。

实际上，你需要承担大把大把的学科服务。你会受邀撰写更多的书评，很多文章和书稿等你评阅，资助审议委员会也等着你加入。隶属其他机构的学者们所提交的终身教职表格申请材料需要你过目，类似机构或项目的外部院系评议也需要你撰写。你还要参与学科领域内的公开职位竞选，组织研讨会和系列讲座，以及参与学科领域中提高知识产出的其他类型活动。如果一个月内，你收到了 3 本要求你评议的书稿，这个月就相当煎熬。但有时候，这些需要评议的书恰好是你想读的，而且阅读新书也是时刻追踪研究动态的好方法。更重要的是，要是这些书和你之前的研究有直接联系，你也有机会帮助年轻学者形成对学科内部核心内容和主要争论的看法。尽管做这事吃力不讨好，大部分出版社提供的薪酬也只是象征性的，但别忘了你的书之前也收到过评议，最迟在你完成一本书并提交给出版社之后，总有人会对你的书做出评价。每当克里斯汀看到书桌上厚厚一摞等待评议的书稿，她都会回想起自己获得终身教职前曾多么心急如焚地等待读者报告。正是这种经历促使她用更短的时间完成报告，尽管可能还有其他 15 件事等着她去做，包括陪伴女儿。

此外，你很可能受邀去做本领域期刊的编辑或是加入某个期刊编辑委员会。后者的工作要比前者轻松得多，但两份工作都责任重大，所以你需要确保自己已经做好承担这些工作的准备。同样，竞选各类学术团体的主席或应允撰写一本

教材，都需要三思而后行。不论这些工作需要做多少研究，
大部分院校的晋升评审委员会都不会将它们视为证明你有资
格做正教授的学术成果，因为它们都属于学科服务的范畴。
在获得终身教职之前，书评编辑一职或许能够为你在研究一
栏加分，但是成为副教授之后，一切就不一样了。评审委员 169
会只关心出版情况。克里斯汀的一名同事担任某本新国际期
刊的编辑多年，这本期刊致力于为某个非英语地区的学者提
供表达空间。这名同事的两个孩子年纪还小，她需要一边照
看孩子们，一边投入大量精力从晦涩难懂的糟糕行文中，寻
找好的想法并促进该地区一整个新兴思想领域的发展。当准
备申请转为正教授时，她希望能将期刊编辑工作也作为研究
的一部分。但她所在的机构坚持认为这只能作为服务工作。
所以在承担新项目前，需要仔细思考，想一想它们会在之后
的七八年里对晋升正教授有什么影响。毕竟你也不想再如之
前准备申请终身教职那样，把自己累垮。

## 家庭：放慢节奏，多花时间陪陪所爱之人

在本章开始时便提到，不论你已经有一两个孩子或是没有孩子，这个时候怀孕都是个不错的选择。但请谨记，终身教授的生活不比之前轻松。正如上文所言，需要你贡献劳力的机构委员会和学科委员会都会大幅增加。所以，对于这个阶段家庭生活的建议，不妨采取和对待研究一样的态度：花

点时间重新评估。把时间花在你喜欢做的或是你认为重要的家庭事务上。少去操心不重要的琐事或是那些妨碍你过家庭生活的事。家庭对你来说不是一直都很重要吗？不然你也不会翻开这本书。终身教授给了你更多的时间，至少不用再像之前一样处于高压之下，那么分一点时间出来给你爱的人吧，也就是孩子和亲朋好友。永远记得分清轻重缓急。陪女儿在操场散步可比清理车库重要多了。可以邀请朋友来家里吃晚饭，趁饭后孩子们在隔壁房间玩闹的空当儿，和朋友们好好聊聊。花点时间做些善事，或者帮助那些需要你的朋友。就像对待工作时间一样，你也要有策略地安排家庭时光。事实上，现在的你依旧没有多余的时间可以拿来浪费。

170 作为终身教授，你有能力将工作和家庭更好地结合在一起。现在，办公室里可以挂上孩子的照片了。你也可以根据大会召开的地点选择去不去参加。何不选择一个有趣的地方带着家人一起去参会，或是选择某个适合在会后度过一个浪漫周末的地方。瑞秋有时会自愿在全国性会议期间，承担在酒店房间进行的面试工作，这样她就能住在专用的套间里。她的孩子们对于住在三十层的豪华套房感到无比兴奋，他/她们甚至能眺望到旧金山湾。虽然需要在早上 8 点半退房，但也值得。克里斯汀总是愿意接受那些有孩子的学界同仁发出的讲座邀请。她会帮女儿向学校请上几天假，带着女儿一起旅行。她们常常在飞机上谈心，女儿也感觉到她在做很特别的事情。

如果孩子年纪尚小，不妨放慢研究的步伐，但不要完全停止。重新启动学术工作比加快研究进度要难太多了。多数人会犯的一个错误是，一旦获评终身教授就停滞不前，数年荒废学术研究。这绝不值得提倡，而且从长远上看弊端不小。所以，虽然我们建议在孩子还小的时候空出时间来留给自己和家人，但千万不要把研究忘得一干二净。毕竟，你现在拿的还是大学的全职教授工资。

# 9

# 正教授在向你招手：最后一战

171 你的生活已经稳定下来有一段时间了。你越来越会平衡生活的各个方面，研究、教学两不误，还经常和孩子们出去玩。他/她们差不多每天都能准时上学，每两年去拜访一次牙医。你甚至可能成了健身房的半个常客。研究也在有条不紊地进行，虽然花在上面的时间少了一些，但因为更加得心应手，所以成功率不降反升。开始有人请你去发言，演讲内容会被写成论文然后出版，这种发表的方式是你之前想都不敢想的。教学压力也没有那么大了，如果你遵从前面的建议，那么教学现在对你来说应该算是一件美差。孩子们也逐渐长大，变得独立起来。不过别担心，他/她们还是需要你的，需要你载他/她们一程，然后自觉降低存在感，让他/她们专心干自己的事。他/她们需要你出席运动会、舞台剧表演和音乐会，需要你教他/她们写作业，你还要应对那些十分重要却不知道什么时候会发生的谈话，比如 10 岁的孩子睡前突然问起上帝的存在，又比如 13 岁的儿子第一次被女朋友甩了之后。尽管事情变得简单了不少，但是生活依旧被“三巨头”——研究、教学和家庭所占据，你的绝大部分时间还是花在它们身上。所以，你怎么还会想要成为正教授，给自己增加生活压力呢？

让我们打开天窗说亮话，想要成为正教授的最主要原因 172
之一就是工资会比之前高。牙套的价格不菲，夏令营也要花不少钱，大学学费再过不久也要开始缴纳。而且，成为正教授的感觉好极了，这意味着你在学术界取得了一定成就。你很难向不在学术界的父母、朋友解释其中奥义，但你在这一行已经干了 15 年甚至更久，承认吧，当上正教授对你很重要。正教授职位是对你所取得成就的认可，最终拿到这个职位时，一种喜悦会从你的心底升起。“这听起来当然不错，但是短期内我要负担一大堆额外工作，还要应付数不胜数的烦心事。”你心里那个实用主义的自己说。毕竟，经过了这么多年的平衡，你已经变成了一个实用主义者。你需要再一次准备申请材料，向院系展示成果。扪心自问，这种经历难道还要再体验一次？

好消息是这次的风险没有那么高，因此过程也会有些不同。别忘了，你已经获得了终身教职，院系没办法把你踢出去。如果他/她们真打算贬损你的工作和成绩，也必须三思而后行。诚然，有一些标准是需要维护的，而且那个在你申请终身教职时投反对票的“混蛋”这次还会投反对票，因为他/她觉得你从事的工作完全算不上是真正的学术，哪怕是一家顶尖的大学出版社刚刚出版了你的新书。别管这些，想想给孩子看牙要花多少钱，然后挑一个相对不错的时机（就跟生孩子一样，你永远等不到一个绝佳的时机），鼓起勇气，向院长或主席提交一封书面申请表明你的升职意愿。

瑞秋一再推迟申请正教授。获得终身教职前，她已经生了 2 个孩子，之后她又生了 2 个。况且由于之前发生过内斗，院系内部的氛围并不好，瑞秋巴不得继续明哲保身，以便能够平衡好生活的各个方面（因为如果不集中注意力，所有平衡都会在一瞬间被打破）。但她希望有人问她想不想当正教授。她希望院系里的同事能注意到她丰富的简历，而且学生对她课程的评价也不错。“我注意到你最近发表了今年的第四篇论文，我所有的学生都很想上你的课。真奇怪，你怎么还没有申请正教授？”如果能从学校里的高级教授口中
173 听到这句话，瑞秋求之不得。但这不能成为推迟申请晋升的好借口。幸运的是，与瑞秋合作过的一位学者通过不厌其烦地劝说，终于让她下定了决心。这位合作者告诉她：“太多女性放弃了正教授申报。为了女性，你必须成为一名正教授。”怎么“为了女性”就是一个好理由，而为了赚到钱能与孩子度过一个悠闲的假期就不是呢？（说实话，我们心里都明白。如果只是为了钱，我们完全可以从一开始就选择另外一份工作。）

瑞秋进入正教授申请流程后，发现这个过程不无乐趣。撰写自我评价也是自我反省的好机会。一些外审专家透露

他/她们曾被询问过关于瑞秋的评价，他/她们告诉瑞秋，他/她们对她的工作成果之多感到惊讶。此前的学生与同事彼此分享着他/她们为瑞秋所写的推荐信。* 院系领导对她也很满意，晋升顺利通过。申请流程快结束的时候，一位同事对她说，“我一直在疑惑，你为什么还不提出晋升正教授的申请？”所以，我们再次学到了一课——积极出击，拒绝被动。

既然已经决定主动出击，何时开始申请最为合适呢？如同之前申请终身教职一样，你需要仔细观察所在机构的情况，从而了解到有关申请的信息。大部分人在成为副教授之后，是不是经历了六年时间才又提交了申请？晋升正教授是否对成果有一定的门槛要求？晋升正教授是不是有什么顺序，或者校园内是否有任职很久的副教授？许多机构规定的晋升门槛是，必须要完成与申请终身教职时期类似数量和质量的著作或研究。当然，不同机构中对于正教授申请的要求大相径庭，我们无法提供更加具体的建议，你必须自己分辨出所在机构的晋升标准。

如果你也没办法了解到具体标准，不妨求教一下学校里比你资历深的教授。比起申请终身教职的时候，他/她们现在更愿意帮助你。毕竟你已经是终身教授了，他/她们也乐于鼓励你去开拓、深耕（他/她们认为重要的）学术领域。当然，资深教授们的意见也不会完全一致。当你参加终身教

---

* 这里的推荐信等同于表扬信，是指学生们或同事们表扬瑞秋的信件。——译者注

职审核委员会的闭门讨论时，留心其他人的发言，因为正教授的评审过程大同小异。如果 A 教授反对合作论著作为终身教职的申请材料，那么他/她很有可能也会反对你将这样的作品作为申报正教授的材料。但如果他/她的立场不是院系
174 内资深学者的主流观点，那么你就可以大胆地去合作著述了。

教学如果对终身教职申请有影响，那么大概率也会影响正教授评审。所以，需要特别注意申请正教授之前几个学期的教学质量。学生评价是否大多是好评？如是，那么你在院系里申请正教授自然没问题。如否，那么就要在这一年里把精力都奉献给教学，比如对课程进行一些实质性调整，并且观察调整后的课程效果。

做得好的方面不能弥补做得差的方面。如果所在院校看重研究，那么成为最好的老师并不会对晋升有什么帮助。同理，如果机构看重教学，那么优秀的教学表现就是题中应有之义。你自然可以选择去一个不那么看重教学的地方，这当然是可以考虑的一个选项。但其他机构接受你的申请，并不意味着你现在的所属机构会同意你晋升为正教授。“文本框 7.1”不仅能够为准备申请终身教职的材料提供参考，也能够为准备正教授材料提供指导。一旦决定申报，你就必须严肃对待这个过程，做好万全的准备。一份粗心大意、漫不经心的申请表只会坏了所有人的心情。

最后，没有做好充分的心理准备就不要跟院系摊牌。瑞

秋的一个朋友对于系里延后她的评职进度感到十分愤怒，于是她离开了学术界，在一家咨询公司找了个职位。这无疑是机构的损失，好在她本人对于这次工作变动比较满意。所以，我们并不是说你绝对不能跟院系摊牌，只是希望你能接受破釜沉舟所带来的任何后果。

这一章余下的部分将假设你已经鼓起勇气申请晋升，并已经成功拿到了正教授的职位（毕竟你已经提前知道了成功的必要条件）。那么，正教授的生活是什么样的呢？

## 工作：研究、服务、教学

成为副教授之后怎么做，成为正教授之后仍旧怎么做：
你需要对自己再来一次自我剖析。现在从事的工作是你的心
之所向吗？之前因为孩子还小，而且你心里想的都是怎么向
上爬，有没有一些搁置了的“要紧事”现在需要做？如果你
曾经想过要面向更广大的读者群写作，那么现在就大胆地开
始吧。你可以写一个专栏、博客或科普类书籍。你也应该承 175
担更多的服务工作，为那些理解你当初婉拒的学者们提供方
便。现在是时候为获得终身教职后的休假和带薪产假发声
了，你的支持会更有分量。指导项目也可以提上日程了，你
在刚开始做学术研究时不也希望能获得导师的指导吗？

要是你不想继续留在现在的机构，如何是好？可能你的伴侣一直不喜欢你工作的城市，或是院系同事之前冒犯过

你，而你一直耿耿于怀。又或是你不满意大学过分重视教学的政策，导致你抽不出足够多的时间来做研究。如果是这样的话，是时候找一份新工作了。但除非是迫切想离开，任何工作你都来者不拒，否则一定要精挑细选，不要申请那些明知自己目前不会从事的工作。新工作的地点至少要在一个你想要生活的地方，或是那里的教学任务量能让你满意，又或是那里的学生类型恰好符合你的期待。不得不再提一遍，遵循这本书里的所有建议以及深刻的自我反省会让换工作的过程变得更加顺利。像申请晋升为正教授一样，申请其他高级职位也同样耗时费力。因此你不要草率地尝试换工作。但从另一方面看，把简历发出去也许能够有所收获。

投入就业市场能够评估自身的市场价值，并体验不同的专业选择。尽管有很多关于高级职位的招聘广告，但往往你会受邀申请一个公开职位。其实很多高级职位招聘到的人，都是从其他地方挖来的教授。通常你会被邀请讲座或参加研讨会，殊不知台下的人正在判断你适不适合他/她们那里的教授职位。如果你的发表成果众多，并且已经在专业领域名声大噪，很多院校都会抛来橄榄枝。你可能对所处机构很满意，但也可以抓住机会体验一下其他职位上的工作。

成为正教授几年后，瑞秋享受了一个令人重振旗鼓并且产出喜人的假期。假期过后，她被一所研究型大学邀请作为讲席教授*（endowed chair），这是个十分诱人的职位。首先，这所大学的教学任务比鲍登学院轻松。其次，这所大学位于大城市，它的周边还有很多大学，这对于形成一个有活力的研究人员社群而言是必要的。最后，随着孩子们逐渐长大，支付他/她们的大额学费就变得越来越迫切。经过与她丈夫和几位值得信任的同事商讨后，瑞秋决定向那所研究型大学 176
提交申请。

这场求职面试过程比当初瑞秋参加的研究生面试有趣多了。原岗位完全欢迎她继续留任，她对鲍登学院或是缅因州中部海岸也没有什么不满。参观新的大学校园虽然有些劳累，但也很开心。瑞秋在面试中提交了一篇新论文，借此良机恰好可以收到专家们提出的修改建议。更为可喜的是，在这期间她还遇见了和她志趣相投的人。

当她被通知正式入职以后，事情就变得没那么有趣了。能被需要和招募固然是件好事（要是没有机构主动联系她，瑞秋肯定会很失望），但作出一个改变人生的重大决定总是很困难。每一份工作都有它的好处，而且面对不确定的未来，我们很难对那些好处进行比较。瑞秋一收到那所研究型大学的通知，就转告了鲍登学院的院长。让院长有充分的时

---

* 讲席教授是美国教授职业生涯中的至高荣誉之一。这一教职是通过捐赠设立的，并且通过捐赠或某项基金的收益来提供教授的薪酬福利以及研究支出。参见网页：https：//kknews. cc/education/pb62m8z. html。——译者注

间提出新的条件是很有必要的（前提是你还愿意留在现在的机构里）。或许更好的时机是在他/她在面试其他人的时候，告诉他/她这个消息。院长们都愿意知道这类事情，千万别觉得尴尬。这么做并不是你对原先院系的背信弃义，只是表明你想要探索其他的可能性。但如果你一直不停地告诉院长你收到了其他机构的邀约，那他/她或许会觉得你不够忠诚。鲍登学院提出了不错的条件，其中包括授予她一个讲席教授职位（是的，如果在她收到外部邀约之前就拿到讲席教授职位当然更好。不过这就像是等着被问，并不具有主动性，不要纠结于此。）

值得一提再提的是，绝对不要在协商过程中给对方下最后通牒，除非你觉得万事俱备，只欠离职。但在这个时候也可以和双方讨论你感兴趣的其他条件，院长或主席并没有多少自由裁量权。有时候跳出常规思维也许对你更有帮助。孩子上大学的费用有着落了吗？能早点凑齐这些费用吗？需要旅行津贴或启动基金推动研究进展吗？能把在目前学校剩下的假期过渡到新的大学吗？如果你准备好奔赴新工作了，那么就可以和新“东家”协商搬迁费用的事宜，但如果没准备好，就先放一放。

瑞秋在周三的时候还十分坚定地想要接受新工作，但是到了周五，她经过更多的扪心自问、优劣对比，最终决定留在鲍登学院。做这个决定很难，毕竟根据学术领域的等级划
177 分，研究型大学势必是更好的选择。但对瑞秋来说，选择研

究型大学就意味着要降低生活质量。大学城的房价高得离谱，瑞秋根本无法在心仪的学区买一套住得下一家人的房子。教学负担是轻了，但课堂人数变多了，其实瑞秋十分享受在鲍登学院与学生交流的过程。工资是高了，但退休金却少了，瑞秋还需要自己支出一部分费用。加入大城市中的研究人员社群固然让人感到兴奋并充满挑战，但瑞秋明白条条大路通罗马，参加研讨会也可以达到同样的效果。鲍登学院对于参会的旅行补助十分慷慨，如果每年的补助配额用完了，学院还会提供一笔不小的额外补贴。

下定决心后，瑞秋感谢了曾为她提供建议的人，他/她们中大多数都为她的决定感到吃惊，但是与她一起合著过的作者这样讲："有能力做并不意味着一定要去做。"曾经共事的一位教授也坦言，他并不觉得惊讶："你总是跟随自己的心。"瑞秋知道他这么说没错，而且为能够对自己诚实感到开心。这恰是本书想要告诉你的：跟随你的心。就算你的决定被很多同事所不解，那又如何呢？

如果换到其他机构不符合你和家人的需要，那么在这个阶段转向行政岗位也是个普遍的选择。这跟换工作一样，你还是要审慎地考虑一下，现在工作中你喜欢和不喜欢的方面分别是哪些。接着，你需要尽可能多地了解新工作，考虑一下新工作中你喜欢和不喜欢的方面分别是哪些。

有时候，你可以在获得终身教职后尝试一下行政岗位。临时性行政岗位就是一个了解行政岗位的好方法，但是因为大家都知道这些行政岗位是临时的，一旦这些岗位变成永久性的，情况就不同了。大部分临时行政工作都会和全职行政人员打交道，你可以观察、学习他/她们。

转向行政岗位的另一个原因是，薪资比教学多。所以，
178 暂时从事行政工作能够给孩子攒下上大学的费用。不过还有其他能赚钱快、却对研究和家庭生活伤害没那么大的方法，比如可以考虑教授暑期课程，或前往海外进行教学。瑞秋就曾在北京承担了一个夏天的教学工作，过程不是很愉快，而且她在秋季学期开始的时候觉得力不从心，但是收入还是令人满意的。鲍登学院的一名同事曾在哈佛大学讲授过一个暑期班的课程，另一位则曾在明德学院（Middlebury College）的一个暑期语言学习计划中负责教学工作。另外，申请暑期研究员补贴或是暑期资助，也是鱼与熊掌兼得的做法。不过切记身上的责任，资金到位就意味着要着手做项目。有时，写资助申请的时候很开心，但等到资金划拨下来，你就要开始操心了。所以，永远不要盲目申请一个不感兴趣的项目。最后，如果申请失败，暑期班给出的报酬又过低，不妨向院长提出主动负责一个夏天的行政项目。总之，绝对不要贱卖自己的时间。如果之前院长需要请一名顾问来为推动校园多样化出谋献策，或是负责打造家庭友好型校园，那么你的出现会为学校省下一大笔开支。

## 家庭生活

在当上正教授之后的这段反思期内，你在思考工作问题的同时，无疑也会思考家庭问题。孩子大了，他/她们要求你陪伴的时间也发生了变化。当他/她们还小的时候，你至少要在睡前一个小时之内陪着他/她们。他/她们一天到晚都和你闹腾，试图吸引你的注意力。但当他/她们变成青少年之后，你们的角色互换了。倒是我们整天想着怎么获得他们的注意力。“今晚上回家吃饭吗？”“不了妈妈，我 6 点还得去排练。”或者“这周末要不要去小屋？”“不好意思啊妈妈，你也知道我周六晚上要出去啦。”事情的真相是，孩子们不再像之前那样需要我们了。

但是别气馁。你还是孩子们的妈妈，他/她们依旧需要你，只是他/她们需要你的时刻无法预测，而且他/她们需要你的时候往往是有大事发生的时候。你需要建立一些仪式感更强的家庭传统。瑞秋和孩子们在每年 8 月都会和朋友们来一场露营旅行。孩子们不敢随随便便就拒绝参加这个每年一次的活动。如果你和孩子的对话开始严肃了，就留出足够的时间把话说透。今年夏天，瑞秋和她的第三个孩子在露营过 179
程中聊了聊关于大学的话题。这不是他们第一次聊这事，也不是最后一次，但是这次对话十分重要。瑞秋尝试告诉他，不需要因为哥哥们的选择而影响自己的决定。兄弟姐妹中，年纪居中的孩子过得总是很辛苦。这或许不是瑞秋第一次讲这句话，但可能却是孩子第一次听到。面对青少年我们碰到最大难题就是，你不知道什么时候会跟他/她们进行这样触及内心的对话。所以你需要花时间和他/她们多相处，以便在他/她们需要和你聊严肃话题的时候，你能够陪在他/她们身边。

孩子长大之后，你们大部分的对话都发生在车里，这是一个相对安全的地方。所以，偶尔载他/她们去学校是个不错的选择。在他/她们刚参加完学校舞会，或 SAT 考试结束回家的时候，你一定要在他/她们身边，因为这些时候正是他/她们在经历重大转变想要聊聊的时候。你还可以带他/她们去参加学术会议，他/她们再也不是需要无时无刻不被照顾的宝宝了。如果他/她们年龄够大，你可以选好博物馆或旅游景点让他/她们自己去参观，当然，在某个大城市的豪华酒店待一天也是个不错的选择。

要学会善用学校的各种资源。瑞秋的孩子们能旁听鲍登学院的一些课程，瑞秋这些年来也给很多同事的孩子们上过经济学入门课。学校里的一些其他资源也对孩子们开放，比如广播站、媒体实验室以及一些俱乐部运动项目。克里斯汀和女儿经常去学校的游泳池、体育馆和图书馆。她的女儿是校艺术馆的常客，每月的某个周六，馆里都会开展少儿项目。

此外，你所在的大学里，总有一些精通奖学金申请和学校录取过程的人。你可以在孩子上高中的时候，找个时间和招生顾问吃顿午饭，问一问关于大学入学的问题。大学里还有能够解决各种学习问题的专家，他/她们能够帮到你。你已经是终身教授了，承认自己有孩子也没什么关系。看看周边有哪些是养育孩子的便利资源，让你的孩子以妈妈是一名大学教授为傲。当孩子们有能力自己一个人待着，但是你又想让他/她们做“正事”的时候，可以让他/她们到大学里来。瑞秋有个儿子觉得高中代数很难，于是她雇了一个大学生在学校辅导他的作业。校园巴士会载他到妈妈的学校，接着他自己去参加辅导班。辅导班结束之后，他会做会儿作业，玩会儿电脑，然后和妈妈一起开车回家。

孩子还小的时候，时间安排他们必须严格遵守，但是孩 180
子长大之后，我们建议你可以更加灵活地安排时间。如果他/她们在周日下午要参加足球队训练，那么这时候你就可以着手申请新的资助了。背包里常备一篇学术文章，可以打发在停车场的时间。等待总是不可避免的，有时你的女儿说，排练会在6点结束，但事实上6点半才结束。瑞秋认识的一位研究型大学工作的教授会利用在车里等孩子参加足球训练期间回复电话或邮件。况且，你大可不必出席每一场训练。就算比赛正在进行，瑞秋也常常在比赛结束之前，才询问坐在她前排的观众关于比赛的大致情况。“哇，你在下半场的进球太棒了！”她这么对孩子说，暗暗希望不要被继续追问下去。时间利用的基本原则和之前一样，把最心无旁骛的时间用来做研究。因为很多其他的事情，都可以利用零碎的时间完成。但当孩子需要你时，就暂时先把文章放在一边，关掉电邮和他/她们一起愉快地玩吧。

最后，别忘了给自己留下一些时间，想做什么就去做，不一定要等孩子们都离家之后才开始。尽管他/她们很快就会长大离开家，但如果到那个时候才学会如何对自己好一点，你可能早已忘记怎样才算善待自己。

# 终　章

在最初打算写这样一本书的时候，我们向学术教授妈妈 181
们分发了问卷，搜集她们的看法、意见和建议。我们想要总结出她们平衡工作和家庭背后的共同规律，类似于“仓鼠成功哺乳的八个秘密”或是“银行投资的六个误区”之类的规律。我们原本希望，问卷调查的结果能够向我们展示“教授妈妈们相对健康的五个习惯”等等。结果是，我们没能获得这样的发现，但找到了一个几乎所有参与调研的女学者都有的共性——她们对时间的利用非常谨慎，不会去做那些对学术、教学和家庭无益的事情。毫不意外的是，这一条原则的实践包括不填写我们发送的关于“如何将妈妈和学者身份结合”的调研问卷。

我们发送给朋友和同事（大部分是朋友）超过 80 封的调研邮件，回复的人少之又少。大部分人直接选择无视，还有一些人在邮件里简单回复说她们会在下个星期或再下个星期完成问卷，此后便再无下文。这样的结果十分普遍，因此我们确信，已经找到了学者妈妈们真正的共性。学术界需要

很多自愿劳动，大家为了保护自己，就会拒绝那些对完成既
定目标没有任何帮助的事情。毕竟，问卷永远做不完，推荐
182 信永远写不完，会议怎么也开不完。专业消息天天都要看，
总有一大堆的表格、文章和书稿等着评阅。新邮件每天都有，电话、消息无论如何也回不完。新书要买，教学大纲也要准备。除此之外还有数不清的琐事。工作时间被占据，家庭生活被打扰。母亲和教授的双重身份足以让生活变得疯狂，一天 24 小时根本不够完成我们应该完成的事情。所以，你更需要对那些不重要的事情说“拜拜”，要知道当务之急是什么，并且给自己的时间安排制定一些“金科玉律”。回复一个简短的邮件可能看起来不算什么，但生活中充斥着这些短促的、看似无关紧要的小事，如果我们不加以防范，它们很有可能会消耗掉我们一整个工作日的时间。所以努力工作的同时也要谨慎地利用时间，不能浪费分秒——请合理分配时间，放下不必要的愧疚感。这是通过许多人没有回复邮件，我们得出的建议。

时间宝贵，我们猜测只有很少一部分人是从第一页一直读到这里。很多人应该是先翻到了终章，通过这个方法快速了解一本书的大致内容和主要观点。这是高中时学到的技巧，现在依然管用。我们知道你很忙，所以下面将以大纲的形式展示结论，并给出主要论点和一些讨论的问题（discussion questions）供你回顾。这几页中有很多建议，但并不适用于所有人。不论你处在学术生涯的哪个阶段，也不管已经有

了几个孩子或今后会要几个孩子，我们都希望这本书能始终为你提供参考。我们坚信，如果你严格把控时间，接受作出决定后的一切结果，光明的未来就在前方。

**五点谨记：**

1. 学术生涯困难重重。

2. 学术生涯对每个人而言都是困难的，不论你是男性还是女性，不论你有没有孩子。

3. 虽然时代在进步，但是有孩子的女性比没孩子的男性和女性以及有孩子的男性更难获得终身教职，这是一个不争的事实。

4. 同时成为一个成功的学者和妈妈很难，但并非异想天 183
开。对你所处的境况有全面的了解能够帮你扫清障碍。

5. 学术生涯充满艰辛，但一切都值得。你能读想读的书，写你想写的文章，影响新一代的学生、学者，回到家还会听到有人叫你妈妈。

记住以上五点，回答下列问题，坦诚地面对你自己。问题并不适用于所有人，因为你可能已经过了某个职业阶段，但回顾过去也会有新的启发。你可以假设如果自己还在读研究生，会怎么回答以下问题：

1. 你确定想成为一名教授吗？这一点务必要确定。教授并不是一份兼职工作，需要艰苦工作数年，才能看到一些起色。成为教授的过程中需要做出很多牺牲，做好接受它们的准备。

2. 想要孩子吗？要几个孩子？没有所谓生孩子的黄金时间，有孩子在身边会很有趣。孩子能让你知道工作到底是什么：它并不是生命中的唯一。如果想要孩子，就要抓紧时间，等到不能生育就麻烦了。

3. 知道自己可能面对哪些挑战吗？要清醒地认识到，同时成为一位妈妈和一位学者并非易事，但你有可能实现。在学术生涯中，你不是一个人在战斗。成功的例子就在眼前，观察她们并向她们学习（但是不要过分打扰她们，毕竟她们也很忙）。

4. 你有研究过理想的工作机构吗？院校之间对教师的期待、能提供的资源和工作环境都大不相同，即使是同一个级别的院校之间，也有很大的差异。I 类研究型大学也可以被列入考虑范围，它们也在努力营造对家庭友好的环境。但是就算别人都建议你加入 I 类研究型大学，也不要把鸡蛋都放进一个篮子里。你在不同类型的院校都能得到想要的一切。所以知道自己想要什么才最为关键。

5. 如何珍惜时间？充分规划时间意味着把时间花在重要的事情上，不要让自己受到干扰。把最好的时间留给学术研究。对有一份全职学术工作的人来说，每周只做 20 个小时
184 的学术研究远远不够。你需要投入足够多的时间才能成功。陪伴孩子的时间要固定。孩子还小的时候，他/她们需要感

受到每天都有一段时间只属于你和他/她。他/她们长大之后，你就应该放手，但要在重要的时刻陪在他/她们身边。

6. 生活中有哪些事可以外包？不要把时间浪费在明知不重要的事情上。有些事可以让别人做，花钱雇人做，或者直接把它们抛诸脑后。孩子还小的时候，可以在能负担的范围内给孩子找一所优质托育中心。你不需要感到愧疚，因为优质托育中心对孩子是有好处的。

7. 你所在的机构有哪些平衡工作和家庭的政策？如果有带薪育儿假，一定要用掉这些假期。如果不能带薪休假，那么在经济允许的情况下也可以休假。但是，不要指望能一边请假照顾孩子一边做研究。在这个阶段你要做的事情很多，比如产后恢复、每天泵母乳、陪刚出生的宝宝玩耍。这些事也是正经事。

8. 你的社交生活怎么样？社交对于你能否在学术界取得成功十分重要。对待社交就应该像对待工作一样认真。去参会、发言、出席研讨会，把工作成果复印件寄送出去。你的知识体系很重要，但是你认识的人、认识你的人会对你有什么帮助也很重要。

9. 你是个老好人吗？请学会礼貌地拒绝。每件事都有该做的时间和地点。拿到终身教职前会有很多事情找上门，你会感到来自外界的诸多压力，但是不管怎样，唯一要做的就是拒绝它们。

10. 你做好换工作的准备了吗？完全不必一直留在初次

就业时选择的机构。获得终身教职前，如果现在的机构不能
提供你实现抱负的必要条件，不妨回归就业市场，再寻觅一
个好去处。获得终身教职之后，如果你打算加快脚步或放慢
185 脚步，也可以重回就业市场。不要草率地做决定，但也没有
必要抗拒。

11. 你想让这个学术界变得更好吗？孩子们大了以后，你就可以回报学术界并努力把它变成一个工作家庭两不误的地方了。获得终身教职之后，你有能力推动所在机构做出一些改变，这十分重要但也需要你付出大量的时间和精力。

最后，希望你记住：从事学术工作一开始像冲刺，但到后面它会变成一场马拉松。如果你在三十几岁拿到了终身教职，那么未来还有三十多年美好的学术生涯在等你。你的学术生涯会比育儿的时间更长久。那些出版的书、发表的文章、教过的学生跟你的孩子一样，是你馈赠给世界的礼物，值得喝彩！不论是做妈妈还是做学者，都能让人获得满满的成就感，尽管尝试把两者结合起来会面临不少挑战。认清现实，但不要气馁。毕竟，成功的女教授比比皆是，我们也真切地希望有更多的女性学者在未来能够实现自己的目标。

祝你好运！

# 附录一

# 美国大学协会成员名录

说明：括号中标注的年份，即为机构加入年份。

布兰迪斯大学（1985）

布朗大学（1933）

加州科技学院（1934）

卡内基·梅隆大学（1982）

西储大学（1969）

哥伦比亚大学（1900）

康奈尔大学（1900）

杜克大学（1938）

埃默里大学（1995）

佐治亚科技学院（2010）

哈佛大学（1900）

印第安纳大学（1909）

艾奥瓦州立大学（1958）

约翰霍普金斯大学（1900）

麻省理工学院（1934）

麦吉尔大学（1926）
密歇根州立大学（1964）
纽约大学（1950）
西北大学（1917）
俄亥俄州立大学（1916）
宾夕法尼亚州立大学（1958）
普林斯顿大学（1900）
普渡大学（1958）
莱斯大学（1985）
新泽西州立大学（1989）
斯坦福大学（1900）
石溪大学，纽约州立大学（2001）
雪城大学（1966）
德克萨斯农工大学（2001）
杜兰大学（1958）
亚利桑那大学（1985）
水牛城大学，纽约州立大学（1989）
加州大学，伯克利分校（1900）
加州大学，戴维斯分校（1996）
加州大学，欧文分校（1996）
加州大学，洛杉矶分校（1974）
加州大学，圣地亚哥分校（1982）
加州大学，圣塔芭芭拉分校（1995）
芝加哥大学（1900）

科罗拉多大学博尔德分校（1966）

佛罗里达大学（1985）

伊利诺伊大学香槟分校（1908）

艾奥瓦大学（1909）

堪萨斯大学（1909）

马里兰大学帕克学院（1969）

密歇根大学（1900）

明尼苏达大学，双城分校（1908）

密苏里大学-哥伦比亚大学（1908）

内布拉斯加州大学林肯分校（1909）

北卡罗来纳大学教堂山分校（1922）

俄勒冈大学（1969）

宾夕法尼亚大学（1900）

匹兹堡大学（1974）

罗彻斯特大学（1941）

南加州大学（1969）

得克萨斯大学奥斯丁分校（1929）

多伦多大学（1926）

弗吉尼亚大学（1904）

华盛顿大学（1950）

威斯康星大学麦迪逊分校（1900）

凡德比特大学（1950）

华盛顿大学圣路易斯分校（1923）

耶鲁大学（1900）

# 附录二
# 来自儿女们的表达

威廉·康奈利（*William Connelly*），6 岁，在回答“你妈妈具体做什么工作?”时的答案：“她是批改成绩的。”

帕特里克·康奈利（*Partrick Connelly*），12 岁，在校园散步时：“你是怎么认识所有人的呢?”

路易斯·康奈利（*Louis Connelly*），5 岁时：“妈妈，我要你回家!”，19 岁时：“妈妈，伟大的经济学家都是做什么研究的？你用什么统计软件？研究助理做什么呢？你认识什么人能帮我找个工作么?”

马丁·康奈利（*Martin Connelly*），17 岁，在讨论他的美国史论文：“我的论文怎么最后跟你的研究一样呢——妇女就业的经济学问题。”（他正在写一篇有关 19 世纪 30 年代马萨诸塞州洛厄尔市纺织厂青年女工的论文。）

克里斯蒂安娜·戈德西·菲利波夫（*Kristiana Ghodsee Filipov*），8 岁，当被问到她妈妈的工作时：“我妈妈克里斯汀·戈德西是一位教授，在鲍登学院工作。让我比较烦恼的是她常常很忙，没什么空闲。妈妈没有时间陪我玩，但因为她的工作，我可以跟着她周游世界，好开心。她个子很高，很漂亮，我爱她。”

# 致 谢

瑞秋：我想感谢鲍登学院的所有同事，是他/她们令我的工作忙碌而精彩。我还要感谢那些出色的女性经济学家朋友一路相伴。我们相信自己可以做到这一切，我们也的确做到了。感谢我的伴侣迈克尔愿意做一名全职爸爸，在家尽心照看孩子们。最后，我要感谢我的母亲，她总是给予我支持。如何做个好妈妈？她就是我的最佳榜样。

克里斯汀：我要感谢我的所有导师，特别是佩德罗·诺格拉（Pedro Noguera）、艾琳·廷克（Irene Tinker）、卡朗·卡普兰（Caren Kaplan）、琼·斯科特（Joan Scott）和珍妮弗·斯坎伦（Jennifer Scanlon）多年来给予我的支持与指导。我要感谢我的朋友、家人以及鲍登学院的同事们，在我每每需要时成为我强有力的后盾，特别是斯科特，作为伴侣（也是非常愿意阅读我初稿的编辑），他非常支持我。当然，还要感谢瑞秋的鼓励和建议。最后，我想感谢我的女儿在妈妈工作时展现出的无尽耐心与理解。

克里斯汀和瑞秋：我们诚挚感谢马丁·康奈利（Martin Connelly）、斯科特·西宏（Scott Sehon）、迈克尔·康奈利

(Michael Connelly) 和艾米丽·康奈利 (Emily Connelly)。他们对我们的初稿提出了非常重要的反馈意见。在此还要特别向 Rowman and Littlefield 出版社的编辑萨拉·斯坦顿 (Sarah Stanton) 致以谢意，在她的鼓励下我们得以完成本书，期间，萨拉为我们提供了许多想法与指引。最重要的是，我们要感谢所有的教授/妈妈们，她们抽出宝贵的时间参与了我们的调研访谈，将个人经验和获取成功的策略分享给我们。尽管文中使用了化名，但她们知道故事的主人公就是自己，我们无比感谢她们的贡献。

瑞秋和克里斯汀

# 注　释

## 导　论

1. Division of Science Resources Statistics, National Science Foundation, *Women, Minorities, and Persons with Disabilities in Science and Engineering*: 2011, Special Report NSF 11–309, figure F–1 (Arlington, VA: National Science Foundation), at www. nsf. gov/statistics/wmpd/.

2. U. S. Education Department, "Number of Full–time Faculty Members by Sex, Rank, and Racial and Ethnic Group", Fall 1995; U. S. Education Department, "Number of Full–Time Faculty Members by Sex, Rank, and Racial and Ethnic Group", Fall 2005.

3. Mary Ann Mason and Marc Goulden, "Do Babies Matter? The Effect of Family Formation on the Lifelong Careers of Academic Men and Women", Academe 88, no. 6 (November–December 2002): 21–27, atwww. aaup. org/AAUP/pubsres/academe/2002/ND/Feat/Maso. htm?PF=1.

4. Sylvia Ann Hewlett, "Executive Women and the Myth of Having It All", *Harvard Business Review* 80, no. 4 (April 2002): 69.

5. Hewlett, "Executive Women and the Myth of Having it All", 66.

6. Elrena Evans and Caroline Grant, eds. , *Mama, PhD: Women*

*Write about Motherhood and Academic Life* (Piscataway, NJ: Rutgers University Press, 2008). The blog is available at www. insidehighered. com/blogs/mama_ phd.

7. Emily Monosson, *Motherhood, the Elephant in the Laboratory: Women Scientists Speak Out* (New York: ILR Press, 2010).

8. See, for example, JoAnn Miller and Marilyn Chamberlin, "Women Areteachers, Men Are Professors: A Study of Student Perceptions", *Teaching Sociology* 28, no. 4 (October 2000): 283–98; Susan A. Basow, "Student Evaluations: Gender Bias and Teaching Styles", in *Career Strategies for Women in Academe: Arming Athena*, ed. Lynn H. Collins, Joan C. Chrisler, and Kathryn Quina (Thousand Oaks, CA: Sage, 1998), 135–56; and Kenneth A. Feldman, "College Students' Views of Male and Female College Teachers: Part II—Evidence from Students' Evaluations of Their Classroom Teachers," *Research in Higher Learning* 34, no. 2 (April 1993): 151–211.

9. Mary Marotte, Paige Reynolds, and Ralph Savarese, eds., *Papa, PhD: Essays on Fatherhood by Men in the Academy* (Piscataway, NJ: Rutgers University Press, 2010).

10. And we are not as far from this as you think. see Scott Gelfand and John R. Shook, eds., *Ectogenesis: Artificial Womb Technology and the Future of Human Reproduction* (New York: Rodopi, 2006).

11. 我们不是传统的第二次女权运动浪潮的支持者，为了与全世界正在考虑学术生涯的年轻女性对话（可能她们并不知道所有复杂的女权主义理论），我们的分析主要集中在无聊的、生物属性上确定的女性群体。

*1*

1. Joan C. Williams, "The Glass Ceiling and the Maternal Wall in Academia", *New Directions for Higher Education* 130 (Summer

2005): 91–105.

2. Particularly insidious is the phenomenon of women being penalized for being too accomplished. Williams gives the example of when a leading journal decides to publish a woman's article "and some of her colleagues begin talking about her arrogance rather than her accomplishments". "The Glass Ceiling and the Maternal Wall in Academia", 93.

3. Mary Ann Mason and Marc Goulden, "Marriage and Baby Blues: Redefining Gender Equity in the Academy", *Annals of the American Academy of Political and Social Science* 596 (November 2004): 86–103.

4. 第二梯队职位是指兼职教授、实验室讲师、管理人员等。基本上包括非终身教职和终身教职轨道之外的所有岗位。

5. Mason and Goulden, "Marriage and Baby Blues", 93.

6. See, for instance, Belle Rose Ragins and John L. Cotton, "Easier Said Than Done: Gender Differences in Perceived Barriers to Gaining a Mentor", *Academy of Management Journal* 34, no. 4 (December 1991): 939–51.

## 2

1. Mason and Goulden, "Marriage and Baby Blues", 86–103; Mason and Goulden, "Do Babies Matter?", 21–27.

2. Mason and Goulden, "Marriage and Baby Blues", 99.

3. Daniel S. Hamermesh, "An old Male Economist's Advice to Young Female Economists", *Newsletter of the Committee on the Status of Women in the Economics Profession*, Winter 2005, 12.

4. See, for example, Miller and Chamberlin, "Women Are Teachers, Men Are Professors"; Basow, "Student Evaluations"; and Feldman, "College Students' Views of Male and Female College Teachers:

Part II".

5. See, for instance, Williams, "The Glass Ceiling and the Maternal Wall in Academia".

6. Martin J. Finkelstein and Jack H. Schuster, "Assessing the Silent Revolution: How Changing Demographicsare Reshaping the Academic Profession", *American Association for Higher Education and Accreditation Bulletin* 54, no. 2 (October 2001): 3-7, at www. aahea. org/bulletins/articles/silentrevolution. htm.

7. Finkelstein and Schuster, "Assessing the Silent Revolution".

8. See, for instance. Steven Levitt, "Let's Just Get Rid of Tenure (Including Mine)", *New York Times*, March 3, 2007, at freakonomics. blogs. nytimes. com/2007/03/03/ lets-just-get-rid-of-tenure/; and Francis Fukuyama, "Why We Should Get Rid of Tenure", *Washington Post*, April 6, 2009, at www. washingtonpost. com/wp-dyn/content/article/2009/04/16/AR2009041603466. html.

9. See, for instance, Nancy Fraser, "Feminism, Capitalism and the Cunning of History", *New Left Review* 56 (March-April 2009): 97-117, at newleftreview. org/? view=2772.

10. A good book that every pregnant woman should read is Vicki Iovine, The Girlfriends' Guide to Pregnancy, 2nd ed. (New York: Pocket, 2007). 作者在书中打破了所谓“美好”孕期的幻像，展现给读者孕期中真实存在的困难和不适。

11. Frank Gilbreth and Ernestine Gilbreth Carey, Cheaper by the Dozen (New York: Harper Perennial, 2002).

12. Susan Douglas and Meredith Michaels, *The Mommy Myth: The Idealization of Motherhood and How It Has Undermined All Women* (New York: Free Press, 2005).

13. Judith Werner, *Perfect Madness: Motherhood in the Age of Anxiety* (New York: Riverhead, 2005).

文本框 2.1

1. Rachel Connelly and Jean Kimmel, "The Importance of College for Child Care Worker Wages and Turnover", unpublished paper, 2005.

2. Deborah Lowe Vandell and Barbara Wolfe, "Child Care Quality: Does It Matter and Does It Need to Be Improved?", report prepared for the Office of the Assistant Secretary for Planning and Evaluation, U. S. Department of Health and Human Services, 2000, at www. aspe. hhs. gov/hsp/ccquality00/ccqual. htm#outcomes.

3. Vandell and Wolfe, "Child Care Quality".

4. Ellen S. Peisner-Feinberg and others, *The Children of the Cost, Quality, and Outcomes Study Go to School*, Executive Summary (Chapel Hill: University of North Carolina, 1999), 2-3.

5. Peisner-Feinberg and others, *The Children of the Cost, Quality, and Outcomes Study Go to School*, Executive Summary, 3.

*3*

1. Hewlett, "Executive Women and the Myth of Having It All", 5.

2. Jane Waldfogel, "The Effect of Children on Women's Wages", *American Sociological Review* 62, no. 2 (April 1997): 209-17.

3. Susan Moller Okin, *Justice, Gender, and the Family* (New York: Basic Books, 1989).

4. Naomi Granville, "Have No Illusions: Dual Academic Careers Require Luck", *Chronicle of Higher Education* 57, no. 18 (January 7, 2011): D17-18.

5. Leslie Bennetts, *The Feminine Mistake: Are We Giving Up Too Much*? (New York: Voice, 2007).

6. Susan Athey, interview by Rachel Croson, *Newsletter of the Committee on the Status of Women in the Economics Profession*, Spring-

Summer 2001, 7.

4

1. Mary Ann Mason, "A Look at the PhD Problem", *Daily Californian Online*, January 22, 2010, at www. dailycal. org/printable. php? id=107911.

2. Jane Leber Herr and Catherine Wolfram, "Work Environment and 'Opt-Out' Rates at Motherhood across High-Education Career Paths" (NBER Working Paper 14717, National Bureau of Economic Research, February 2009).

3. Herr and Wolfram, "Work Environment and 'Opt-Out' Rates at Motherhood across High-Education Career Paths", 17.

4. Kristen Springer, Brenda Parker, and Catherine Leviten-Reid, "Making space for Graduate Student Parents: Practices and Politics", *Journal of Family Issues* 30, no. 4 (April 2009): 435-57; Arielle Kuperberg, "Motherhood and Graduate Education: 1970 - 2000", *Population Research and Policy Review* 28, no. 4 (August 2009): 473-504. See also Roberta Spalter-Roth and Ivy Kennelly, "The Best Time to Have a Baby: Institutional Resources and Family Strategies among Early Career Sociologists", ASA *Research Brief*, July 2004.

5. 卡尔门·阿尔门蒂对加拿大女性学者的定量研究得出结论：那些担心养育孩子会影响自己学术发展而选择丁克的女教授，事业发展却可能受到影响。根据凯利沃德（Kelly Ward）和丽莎·沃尔夫·温德尔（Lisa Wolf-Wendel），"Academic Motherhood: Managing Complex Roles in Research Universities", *Review of Higher Education* 27, No. 2 (Winter 2004): 235. Also see Carol Colbeck and Robert Drago, "Accept, Avoid, Resist: How Faculty Members Respond to Bias against Caregiving... and How Departments Can Help", *Change* 37, No. 6 (November-December 2005): 10-

17. 考科尔·贝克（Colbeck）和德拉戈（Drago）在 2001 年通过调研 4188 位化学系和英语系教师，发现其中 16. 1%的女性是单身，原因是她们担心无法平衡家庭和成功的学术事业。25. 5%的调研人群中，养育孩子的数量低于预期值，并有 12. 7%的人将养育第二胎的时间推迟到获得终身教职以后。Finkel and Olswang（1996）在对研究型大学女教授的调研中发现，接近一半的受访者是由于事业发展没有养育孩子，34%由于工作原因推迟生育（Ward & Wolf-Wendel, 236）。

6. Monosson, *Motherhood, the Elephant in the Laboratory.*

7. Steven Stack, "Gender, Children and Research Productivity", *Research in Higher Education* 45, no. 8 (December 2004): 891-920.

8. Springer, Parker, and Leviten-Reid, "Making space for Graduate Student Parents".

9. Carmen Armenti, "May Babies and Posttenure Babies: Maternal Decisions of Women Professors", *Review of Higher Education* 27, no. 2 (Winter 2004): 211-31.

10. Lisa Wolf-Wendel and Kelly Ward, "Managing to Have Children on the Tenure Track: A Qualitative Study", *Newsletter of the Committee on the Status of Women in the Economics Profession*, Summer 2007, 8.

11. Mason and Goulden, "Do Babies Matter?".

12. Beth Ingram, "Combining Childbearing with a Career", *Newsletter of the Committee on the Status of Women in the Economics Profession*, Summer 1993, 8.

13. This can still be found at parents. berkeley. edu/advice/allkinds/compatible. html.

14. Karen Conway, "One Approach to Balancing Work and Family", *Newsletter of the Committee on the Status of Women in the Economics Profession* , Spring-Summer 2001, 4.

15. Robin Wilson, "Is Having More Than Two Children an Unspoken Taboo?", *Chronicle of Higher Education* 55, no. 41 (July 2009): B16–19.

16. As quoted in Wilson, "Is Having More Than Two Children an Unspoken Taboo?", B18.

文本框 4.1

1. Carol S. Hollenshead, Beth Sullivan, and Gilia C. Smith, "Work/Family Policies in Higher Education: Survey Data and Case Studies of Policy Implementation", *New Directions for Higher Education* 2005, no. 130 (Summer 2005): 41–65.

2. Saranna Thornton, "Where—Not When—Should You Have a Baby?", *Chronicle of Higher Education* 51, no. 7 (October 8, 2004): B12.

3. Kelly Ward and Lisa Wolf-Wendel, "Fear Factor: How Safe Is It to Make Time For Family?", *Academe* 90, no. 6 (November-December 2004): 28–31; Kelly Ward and Lisa Wolf-Wendel, "Work and Family Perspectives from Research University Faculty", *New Directions for Higher Education* 130 (Summer 2005): 67–80.

4. Mary Ann Mason, Marc Goulden, and Karie Frasch, "Why Graduate Students Reject the Fast Track", *Academe* 95, no. 1 (January-February 2009): 11–16.

## 5

1. AAUP figures cited in Peter Conn, "We Need to Acknowledge the Realities of Employment in the Humanities", *Chronicle of Higher Education* 56, no. 30 (April 4, 2010): B6.

2. Cited at www.beyondacademe.com/.

3. Spalter-Roth and Kennelly, "The Best Time to Have a Baby".

4. Lisa Wolf-Wendel and Kelly Ward, "Academic life and Moth-

erhood: Variations by Institutional Type", *Higher Education* 52, no. 3 (October 2006): 487–521.

5. Mary Ann Mason and Marc Goulden, "Do Babies Matter (PartII)? Closing the Baby Gap", *Academe* 90, no. 6 (November–December 2004): 10–15.

6. Hollenshead, Sullivan, and Smith, "Work/Family Policies in Higher Education".

7. The "Dependent Care Fund for Short-term Professional Travel (DCF)" is described on the Harvard senior vice provost's website, at www. faculty. harvard. edu/ work-life-benefits-and-perks/child-care/dependent-care-fund.

8. Wolf-Wendel and Ward, "Academic Life and Motherhood".

9. Wolf-Wendel and Ward, "Academic Life and Motherhood".

10. Mary Ann Mason, "Graduate Students: The Underserved Minority" (paperdelivered at the meetings of the Graduate school Council, December 9, 2006), available at www. cgsnet. org/portals/0/pdf/mtg_ am06Mason. pdf.

11. Wolf-Wendel and Ward, "Academic Life and Motherhood", 501.

12. Wolf-Wendel and Ward, "Academic Life and Motherhood", 504.

13. Howard Greene and Matthew Greene, *Greenes' Guides to Educational Planning: The Hidden Ivies: Thirty Colleges of Excellence* (New York: HarperCollins, 2000).

14. Daniel Taub, "The Liberal Arts College as a Home for Research", *Chronicle of Higher Education* 54, no. 37 (May 23, 2008): A31.

15. Kristen Ghodsee, "A Research Career at a Liberal Arts College", *Chronicle of Higher Education* 54, no. 33 (April 2008): C1–

4.

16. Wolf-Wendel and Ward, "Academic Life and Motherhood", 510.

17. "The Disposable Academic: Why Doing a PhD is Often a Waste of Time", *Economist* 397, no. 8713 (December 18 - 31, 2010): 156-58.

**文本框 5.1**

1. Conway, "One Approach to Balancing Work and Family".

2. Nicholas H. Wolfinger, Mary Ann Mason, and Marc Goulden, "Staying in the Game: Gender, Family Formation and Alternative Trajectories in the Academic Life Course", *Social Forces* 87, no. 3 (March 2009): 1591-1621.

3. Wolfinger, Mason, and Goulden, "Staying in the Game", 1605.

4. James Monks, "Public versus Private University Presidents Pay Levels and Structure" (Working Paper 58, Cornell Higher Education Research Institute), at digitalcommons. ilr. cornell. edu/cheri/21, as cited in Wolfinger, Mason, and Goulden, "Staying in the Game", 1595.

## *6*

1. Liran Einav and Leeat Yariv, "What's in a Surname? The Effects of Surname Initials on Academic Success", *Journal of Economic Perspectives* 20, no. 1 (Winter 2006): 175-88.

2. William Germano, *Getting It Published: A Guide for Scholars and Anyone Else Serious about Serious Books* (Chicago: University of Chicago Press, 2001).

3. Hamermesh, "An Old Male Economist's Advice to Young Female Economists", 12.

4. As quoted in Wilson, "Is Having More Than Two Children an Unspoken Taboo?", B18.

5. Michael Piette and Kevin Ross, "A Study of the Publication of Scholarly Output in Economics Journals", *Eastern Economic Journal* 18, no. 4 (Fall 1992): 429–36.

6. Michèle Lamont, How *Professors Think: Inside the Curious World of Academic Judgment* (Cambridge, MA: Harvard University Press, 2009).

7. Pat Phelps, "Collegiality Lessons", *Chronicle of Higher Education* 50, no. 47 (July 30, 2004): C3; Saranna Thornton, "When, Where, and Why to Schmooze", *Chronicle of Higher Education* 51, no. 4 (September 17, 2004): A47.

8. Hamermesh, "An old Male Economist's Advice to Young Female Economists", 12.

**文本框 6.1**

1. Samantha Stainburn, "The Case of the Vanishing Full-time Professor", *New York Times*, December 30, 2009, at www.nytimes.com/2010/01/03/education/ edlife/03strategy-t.html.

2. Gerardo Marti, "From Adjunct to Assistant Professor", *Chronicle of Higher Education*, April 4, 2007, at chronicle.com/article/From-Adjunct-to- Assistant/46463/.

3. Martin J. Finkelstein and Jack H. Schuster, *The American Faculty: The Restructuring of Academic Work and Careers* (Baltimore: Johns Hopkins University Press, 2008).

## *7*

1. 这样的机构通常有一个必须完成的最低教学量。找到相关规定，比最低课时量多一点点就行，在拿到终身教职前不要有负罪感。当然大部分时间你还是要出现在课堂上。如果大概率无法在原机构获得终身教职，那么在你为下一份工作求职时，它们需要收集你以往的学生意见反馈表。

2. R. D. Abbott and others, "Satisfaction with Processes of Collecting Student Opinions about Instruction: The Student Perspective", *Journal of Educational Psychology* 82, no. 2 (June 1990): 201-6; H. W. Marsh and L. A. Roche, "Making Students' Evaluations of Teaching Effectiveness Effective", *American Psychologist* 52, no. 11 (November 1997): 1187-97; W. J. McKeachie, "Student Ratings: The Validity of Use", *American Psychologist* 52, no. 11 (1997): 1218-25; J. F. Newport, "Rating Teaching in the USA: Probing the Qualifications of Student Raters and Novice Teachers", *Assessment and Evaluation in Higher Education* 21, no. 1 (1996): 17-21.

3. Gabriela Montell, "Do Good Looks Equal Good Evaluations?", *Chronicle of Higher Education's Career Network*, October 15, 2003, at chronicle. com/article/Do-Good- Looks-Equal-Good/45187/.

4. Donald H. Naftulin, John E. Ware, Jr., and Frank A. Donnelly, "The Doctor Fox Lecture: A Paradigm of Educational Seduction", *Journal of Medical Education* 48, no. 7 (July 1973): 630-35; R. Williams and J. Ware, "Validity of Student Ratings of Instruction under Different Incentive Conditions: A Further Study of the Dr. Fox Effect", *Journal of Educational Psychology* 68, no. 1 (February 1976): 48-56.

5. Meghan Millea and Paul W. Grimes, "Grade Expectations and Student Evaluation of Teaching", *College Student Journal* 36, no. 4 (December 2002): 582-90.

6. See, for instance, Rosanne M. Cordell and others, eds., *Quick Hits for New Faculty: Successful Strategies by Award-Winning Teachers* (Bloomington: Indiana University Press, 2004); and Ken Bain, *What the Best College Teachers Do* (Cambridge, MA: Harvard

University Press, 2004).

7. Terra McKinnish, "A Survival Guide to Having Children While on Tenure Track", *Newsletter of the Committee on the Status of Women in the Economics Profession*, Spring-Summer 2007, 11.

8. Hamermesh, "An old Male Economist's Advice to Young Female Economists", 12.

文本框 7.1

1. Kristen Ghodsee, "Single Parenting in the Field", *Anthropology News* 50, no. 7 (October 2009): 3-4.

文本框 7.2

1. Saranna Thornton, "Extended Tenure Clock Policies: Theory… and Practice", *Newsletter of the Committee on the Status of Women in the Economics Profession*, Winter 2005, 13-15.

# 推荐阅读

除了在注释中提及的文章、书、研究论文和网站，以下是对开展学术研究有益的书目。市面上文山书海，我们从中筛选了少数最为实用的罗列在此，它们为各种各样的学术问题提供了建议。

Bain, Ken. *What the Best College Teachers Do.* Cambridge, MA: Harvard University Press, 2004.

Buller, Jeffrey. *The Essential College Professor: A Practical Guide to an Academic Career.* San Francisco: Jossey-Bass, 2009.

Cahn, Steven. *From Student to Scholar: A Candid Guide to Becoming a Professor.* New York: Columbia University Press, 2008.

Cooper, Lorri, and Bryan Booth. *The Adjunct Faculty Handbook*. 2nd ed. New York: Sage, 2010.

Deneef, A. Leigh, and Craufurd D. Goodwin, eds. *The Academic's Handbook.* 3rd ed. Durham, NC: Duke University Press, 2006.

Derricourt, Robin. *An Author's Guide to Scholarly Publishing*. Princeton, NJ: Princeton University Press, 1996.

Evans, Elrena, and Caroline Grant, eds. *Mama, PhD:*

*Women Write about Motherhood and Academic Life*. Piscataway, NJ: Rutgers University Press, 2008.

Germano, William. Getting It Published: *A Guide for Scholars and Anyone Else Serious about Serious Books*. Chicago: University of Chicago Press, 2001.

Gray, Paul, and David Drew. *What They Didn't Teach You in Graduate School: 199 Helpful Hints for Success in Your Academic Career*. New York: Stylus, 2008.

Johnson, W. Brad, and Carol A. Mullen. *Write to the Top: How to Become a Prolific Academic*. New York: Palgrave Macmillan, 2007.

Lamont, Michele. *How Professors Think: Inside the Curious World of Academic Judgment*. Cambridge, MA: Harvard University Press, 2009.

Luey, Beth. *Handbook for Academic Authors*. 4th ed. New York: Cambridge University Press, 2002.

Lyins, Richard, Marcella Kysilka, and George Pawlas. *The Adjunct Professor's Guide to Success: Surviving and Thriving in the College Classroom*. New York: Allyn and Bacon, 1998.

Marotte, Mary, Paige Reynolds, and Ralph Savarese, eds. *Papa, PhD: Essays on Fatherhood by Men in the Academy*. Piscataway, NJ: Rutgers University Press, 2010.

Mason, Mary Ann, and Eve Mason Ekman. *Mothers on the Fast Track: How a New Generation Can Balance Family and Careers*. New York: Oxford University Press, 2008.

Monosson, Emily. *Motherhood, the Elephant in the Laboratory: Women Scientists Speak Out*. New York: ILR Press, 2010.

Silvia, Paul. *How to Write a Lot: A Practical Guide to Pro-*

*ductive Academic Writing*. Washington, DC: American Psychological Association, 2007.

Toth, Emily. *Ms. Mentor's Impeccable Advice for Women in Academia*. Philadelphia: University of Pennsylvania Press, 1997.

Toth, Emily. *Ms. Mentor's New and Ever More Impeccable Advice for Women and Men in Academia*. Philadelphia: University of Pennsylvania Press, 2008.

Vick, Julia, and Jennifer Furlong. *The Academic Job Search Handbook*. 4th ed. Philadelphia: University of Pennsylvania Press, 2008.

Zanna, Mark P., and John M. darley. *The Compleat Academic: A Career Guide*. Washington, DC: American Psychological Association, 2003.

# 索　引

（页码为本书边码）